Um último aviso, filho meu:
Fazer livros é um trabalho sem fim.
Eclesiastes, 12, 12

FUNDAÇÃO EDITORA DA UNESP

Presidente do Conselho Curador
Herman Jacobus Cornelis Voorwald

Diretor-Presidente
José Castilho Marques Neto

Editor-Executivo
Jézio Hernani Bomfim Gutierre

Conselho Editorial Acadêmico
Alberto Tsuyoshi Ikeda
Áureo Busetto
Célia Aparecida Ferreira Tolentino
Eda Maria Góes
Elisabete Maniglia
Elisabeth Criscuolo Urbinati
Ildeberto Muniz de Almeida
Maria de Lourdes Ortiz Gandini Baldan
Nilson Ghirardello
Vicente Pleitez

Editores-Assistentes
Anderson Nobara
Henrique Zanardi
Jorge Pereira Filho

Memória Brasileira   9
- *Revoluções Brasileiras*
   Gonzaga Duque

Copyright © 1998 de Francisco Foot Hardman e Vera Lins

Dados Internacionais de Catalogação na Publicação (CIP)
(Câmara Brasileira do Livro, SP, Brasil)

Duque, Gonzaga, 1863-1911.
   Revoluções brasileiras: resumos históricos/ Gonzaga Duque; organização Francisco Foot Hardman e Vera Lins. – São Paulo: Fundação Editora da UNESP: Giordano, 1998. – (Memória brasileira; 9)

   Bibliografia.
   ISBN 85-7139-227-7

   1. Brasil – História 2. Revoluções – Brasil 3. Revoluções – Brasil – Filosofia I. Hardman, Francisco Foot, 1952 –. II. Lins, Vera. III. Título. IV. Série.

98-5182   CDD-321.090981

Índice para catálogo sistemático:
1. Brasil: Revoluções: Ciência política   321.090981

1998

FUNDAÇÃO EDITORA DA UNESP (FEU)
Praça da Sé, 108
01001-900 – São Paulo – SP
Tel.: (0xx11) 3242-7171
Fax: (0xx11) 3242-7172
www.editoraunesp.com.br
www.livrariaunesp.com.br
feu@editora.unesp.br

EDITORA GIORDANO
04505-970 — São Paulo — SP
Caixa Postal 19022
Telefax: (011) 3240 0684

GONZAGA DUQUE

REVOLUÇÕES BRASILEIRAS

RESUMOS HISTÓRICOS

Organização
FRANCISCO FOOT HARDMAN
E
VERA LINS

Gonzaga Duque
(1863-1911)

Luiz Gonzaga Duque-Estrada, nascido no Rio de Janeiro em 1863, foi escritor atuante no período entre 1880 e 1911, tanto como crítico de artes plásticas quanto como ficcionista, autor do romance *Mocidade morta* e dos contos de *Horto de mágoas*. Seu primeiro livro, *A arte brasileira*, é a referência principal até hoje para a arte que se fez no país, do período colonial até a virada do século XIX, Seus artigos de crítica, publicados na revista *Kosmos*, foram reunidos em dois volumes: *Graves e frívolos* e *Contemporâneos*.

Ligou-se ao grupo de intelectuais simbolistas e com eles fundou várias revistas. O simbolismo, enquanto corrente artística, marca sua linguagem com imagens plásticas em que a sonoridade e o ritmo, mesmo na prosa, são importantes para o sentido. Em seus textos, a invenção é constante, na sintaxe e no vocabulário que escolhe.

Extremamente crítico quanto ao ambiente cultural em que vivia, seus escritos mostram uma reflexão singular, uma ironia fina e um forte desejo de mudança, em vários momentos associado a uma simpatia pelas ideias anarquistas. Sua insatisfação e inquietude fizeram com que percorresse vários gêneros, desde a crônica jornalística à narrativa histórica didática, que ensaia neste volume.

Gonzaga Duque faz parte de um grupo de escritores dissidentes que pela radicalidade da busca que empreenderam e das questões com que se defrontaram, ficaram à margem das academias, num momento em que na literatura dominava a trivialidade naturalista. A crítica, presa aos ideais de um nacionalismo evolucionista, não conseguia entender o que escapava aos seus parâmetros. Com isso, este autor, um intelectual afinado com a situação internacional, e extremamente preocupado com as questões culturais e sociais do país, volta a ser lido apenas quase cem anos depois de suas primeiras publicações.

(*F. F. H. e V. L.*)

SUMÁRIO

Nota do editor IX
Introdução XI
Sobre esta Edição XXI
Cronologia XXV
Bibliografia XXIX

REVOLUÇÕES BRASILEIRAS

Por que *Revoluções*? 3
Advertência (da 1ª. edição) 7
I Quilombo dos Palmares 9
II Guerra dos Mascates 15
III Levante de Filipe dos Santos 21
IV Inconfidência Mineira 25
V Revolução de 1817 37
VI A Independência 63
VII Guerra da Independência 75
VIII Confederação do Equador 87
IX Sete de Abril 97
X As Rusgas 109
XI Os Cabanos do Pará 125
XII A Sabinada 135
XIII A Balaiada 141
XIV S. Paulo 147
XV Minas Gerais 155
XVI Guerra dos Farrapos 163
XVII Revolta Praieira 181
XVIII Proclamação da República 187

Apêndice

Carta do Autor 203
Resenhas à primeira edição 205
Palestra, Artur Azevedo 207
Fagulhas, Coelho Neto 209
Crônica Literária, Medeiros e Albuquerque 211

NOTA DO EDITOR

Associado mais uma vez à Fundação Editora da UNESP, e graças ao empenho de Francisco Foot Hardman e Vera Lins, inserimos na Coleção Memória autor e texto da maior relevância no processo de resgate de nossa memória cultural. Há tempos tínhamos Gonzaga Duque como perspectiva de reedição, mas se tratava apenas do ilustrador de *D. Carmen* de B. Lopes.

Enquanto aguardamos o aparecimento de exemplar desse trabalho e somando com o que Vera Lins já fez — *Gonzaga Duque, a estratégia do franco-atirador* (Tempo Brasileiro, Rio, 1991), onde reproduz em apêndice o texto altamente significativo do *Meu Jornal* de Gonzaga Duque; e *Graves e Frívolos* (Fundação Casa de Rui Barbosa, Rio, 1997), obra do mesmo autor —, oferecemos aos estudiosos e interessados pela nossa história este *Revoluções Brasileiras*.

Cláudio Giordano

INTRODUÇÃO

Revoluções brasileiras é, antes de mais nada, um estranho e esquecido livro de um escritor excêntrico. É também um texto algo descolado do conjunto da obra de Gonzaga Duque, que fixou sua imagem intelectual muito mais como fundador da moderna crítica de artes plásticas no país, a partir do livro *A arte brasileira*, de 1888, e, em outro plano, como ficcionista de produção reduzida, mas com valor o bastante para torná-lo um dos melhores prosadores do simbolismo brasileiro.

O caráter inovador e ousado, tanto no conteúdo temático quanto no modo de exposição, do livro de Gonzaga Duque, não pode ser atribuído nem a uma estética simbolista nem a uma ideologia revolucionária orgânica que o autor não professava, em que pesem as simpatias pelo anarquismo de que temos exemplo nas páginas de seu diário ou mesmo em certas passagens de *Mocidade morta*, a que se acrescentam também algumas tacadas irônicas em relação ao socialismo gradualista, "de gabinete", cultuado entre literatos. O que não o impediu de elogiar, em momentos particulares, alguns socialistas italianos de passagem pelo Brasil, como Alceste de Ambrys ou Enrico Ferri. Isso para não lembrar da novela anarquista que o autor escrevia, desde 1900, *Sangravida*, que deixou inacabada, em manuscrito, ao morrer, e em cuja abertura já professava a defesa dos ideais libertários:

> *O que é o anarquismo em seus princípios? É a revolta contra a imperfeição do estabelecido. Demole-se o que não convém ou não presta. A sociedade, organizada como está, é imperfeitíssima. Todas as leis naturais e de adaptação se acham viciadas, começando pelo Estado. O Estado não administra, governa, manda; é uma ditadura. Não ampara, não educa, não*[1].

---

1. Gonzaga Duque: *Sangravida*, manuscrito inédito.

A visão histórico-social de *Revoluções brasileiras*, bastante avançada na época, seu tom radical põem-no ao lado das melhores páginas da literatura anarquista do período. Isto, porém, sem prejuízo da escrita simbolista, "artística", cuidadosa na construção de imagens de movimento, ruptura da ordem, metamorfose e sinestesia. Embora se saiba das afinidades profundas entre simbolistas e movimentos sociais libertários na Europa, no Brasil, todavia, nas séries histórico-cultural, literária e social os simbolistas têm sido vistos como grupo marginal, imitadores autossuficientes e desvinculados da "realidade nacional". *Revoluções brasileiras* oferece matéria para se repensarem os lugares determinados por esses discursos classificatórios e seus esquemas de valor subjacentes.

Em artigo de 1966 sobre a obra de Gonzaga Duque, Carlos Maul sublinha a radicalidade de *Revoluções brasileiras* como um dos possíveis fatores da difícil inserção do autor entre seus contemporâneos, bem como de seu posterior relativo esquecimento pela história e pela crítica literárias:

> *Uma razão, além do desprezo explicável dos parnasianos, seria mais violenta para que dele não se cogitasse: o seu livro Revoluções brasileiras. É um compêndio didático em moldes que contrariam as normas da nossa literatura histórica tradicional, e em que Gonzaga Duque reaviva o espírito das nossas rebeldias cívicas de forma a modificar conceitos inverídicos à luz de documentos sistematicamente omitidos ou desfigurados. Esse trabalho se opõe a critérios estabelecidos sobre bases artificiosas e convencionais, e esclarece dúvidas graves que se timbrava em ocultar ao povo. Quem, em matéria histórica, tinha doutrina firmada na verdade não podia ter acesso franco às consciências mal informadas. Daí as restrições que embaraçaram o sucesso de um escritor que rompia com os preconceitos e indicava o trajeto que convinha à descoberta da realidade*[2].

2. Carlos Maul, "O Gonzaga Duque que eu conheci". In: *Jornal do Commercio* (Folhetim), 7-maio-1966.

No entanto, na mesma linha de estranheza, trata-se de uma narrativa que pretende ser exemplar, inclusive mediante a tensão provocada por seu estilo épico-dramático. O livro está composto em 18 capítulos, que começam com a formação e a destruição do Quilombo dos Palmares (1630-1695), o que revela um critério historiográfico incomum e polêmico, e terminam com a proclamação da República em 15 de novembro de 1889. Trata-se, sem dúvida, de um conjunto interessante de "resumos históricos", que impressiona pela originalidade do recorte e densidade dramática produzidas com tal encadeamento de episódios e movimentos. Ao justificar, na nota introdutória, sua metodologia inusual, Gonzaga Duque submete a divisão de assuntos e períodos, a exposição de fatos e o andamento da narração ao poder efetivo que a palavra assim empenhada possa ter na adesão de seus "jovens leitores" à causa maior da obra.

Com esses "resumos históricos" aparentemente despojados, objetiva-se montar um programa de formação cívica da juventude, fundado nas ideias republicanas de povo, pátria, liberdade, cidadania. A história das revoluções brasileiras traçada aqui é, assim também, a busca das raízes de uma identidade nacional-popular que, à imagem do terceiro estado e de 1789, faça valer a noção de república como fruto mais bem acabado da revolução. E vice-versa: a revolução verdadeira como aquela que objetiva a transformação do governo no sentido da república, que conduz, mesmo que parcialmente, à meta da "posse do governo do povo pelo povo".

Se não resta dúvida quanto ao caráter inovador e radical deste livro no contexto da historiografia oficial do período, e mesmo no da produção panfletária do movimento operário anarquista ou socialista, os limites da revolução, em *Revoluções brasileiras*, são os da república burguesa dos anos 1890 no Brasil, em sua versão jacobino-militarista ou oligárquica. Gonzaga Duque participou, como tantos escritores e intelectuais de sua geração, do processo de encantamento-desilusão com os rumos do regime fundado na divisa positivista de "ordem e progresso". Os ritmos, estilos e formas de expressão desse envolvimento desencantado com a república do progresso terão resultados múltiplos e variados, mas que atingirão, muitas vezes de modo trágico, as experiências e obras de autores como Silva Jardim, Raul Pompéia, Euclides da Cunha e Alberto Rangel. Gonzaga Duque lhes faz companhia, nesta vertente dos "antigos modernistas". Todos foram republicanos de primeira hora e se desiludiram. Nenhum deles foi positivista canônico: guardaram sempre algo de um ceticismo melancólico que, pouco mais tarde, redunda em literatura "artística" ou em memorialismo de resistência.

Escritor atuante na revista *Kosmos*, no artigo "O cabaré de Yvonne, recordação de um tempo", de novembro de 1908, relembrando o local onde se reunia a boêmia da virada do século, Gonzaga Duque diz que, embora discutissem outros assuntos, eram todos republicanos e, se preciso fosse, defenderiam a República por todos os meios. Mas, ainda nesse mesmo artigo, menciona que esta teria se tornado mais uma realização dos sonhos do exército do que do desejo desses jovens românticos.

Em outro artigo, também publicado na revista *Kosmos*, em 1907, e, mais tarde, incluído no livro *Contemporâneos*, Gonzaga Duque conta um episódio que envolve a República recém-proclamada, a Academia de Belas-Artes e as atitudes libertárias de um grupo de pintores, pois a derrubada da monarquia, em novembro de 1889, "veio trazer largas promessas a essa mocidade. Pensaram todos que a mudança do regime governativo implicava a reforma radical na vida das nossas instituições[...]"[3].

Três artistas renomados apresentam ao governo um projeto de reestruturação da Academia que, no entanto, não logra sua atenção. Em dezembro de 1890, é promulgada a reforma da Academia, chamada agora de Escola Nacional de Belas-Artes, o que é considerado por Gonzaga Duque apenas "questão de rótulo". Apesar de escolhido um novo diretor, Rodolfo Amoedo, um artista respeitado, este não consegue imprimir mudanças significativas, envolvendo-se desde logo no "aranheiro da Escola". Inconformados, o crítico de *A arte brasileira* e seus amigos insistem e tentam, paralelamente, fundar o ensino livre das artes plásticas

---

3. Gonzaga Duque. "Aranheiro da Escola", *Contemporâneos*, Rio de Janeiro, Typ. Benedicto de Souza, 1929, p. 125.

do Rio de Janeiro, num barracão. O episódio marca a aposta desses artistas na República e a radicalidade de seus planos, que previam a total extinção da Academia, transformada em Museu, a demissão de todos os professores e o ensino em ateliês livres. Mas já indica também o desapontamento que as atitudes do governo foram causando.

As concepções estéticas e ideológicas que impulsionam o gesto do grupo se repetem em vários momentos e imagens. Contrário à tradição que, desde o romantismo, vê no índio o símbolo da nacionalidade, Gonzaga Duque, em *A arte brasileira*, traz o negro, elemento que perturbava o ideário liberal, como construtor da cena cultural do país. Ênfase que se afirma com o episódio do Quilombo dos Palmares, servindo como abertura a *Revoluções brasileiras*. Ou como em outro fato emblemático que relata em seu diário: na festa em comemoração ao 4º Centenário do Descobrimento do Brasil, um garoto negro consegue resolver uma situação embaraçosa, galgando a estátua de Pedro Álvares Cabral e descobrindo-a para a multidão[4]. Ao pôr o negro no topo do monumento, Gonzaga Duque traça uma alegoria da modernidade inversa à oficial, que erguia uma locomotiva em cima do carro num cortejo cívico.

Há vários indícios de que a insatisfação com a República, para Gonzaga Duque e parte de sua geração, chega quase junto com ela. A esse propósito, nada mais veemente do que o exemplo de Raul Pompéia quando, em 1893, introduzindo um livro de educação cívica republicana de Rodrigo Octavio, *Festas nacionais*, advertia: "As nações não vivem de ter o nome no mapa. É preciso que a realidade se realize". Para antes, num tom completamente disfórico e crepuscular, escrever:

> *O compêndio dos nossos supostos regozijos patrióticos não nos traz a exposição de uma série de alcances conseguidos. Vamos ao contrário por uma escala de derrotas. O quadro histórico é constantemente a cruel afirmação de*

---

4. Lins. Vera. *A estratégia do franco-atirador*. Rio de Janeiro, Tempo Brasileiro, 1991, p.79.

pátria vencida. A alma nacional segue sofrendo, dia a dia, o suplício de todas as dores. Sentem-se as ladeiras pedregosas do Calvário, no itinerário dos seus destinos... A propósito de júbilos, como que nos diz que somos uma nação proibida de ter júbilos...[5]

Mas por que então *Revoluções brasileiras* culmina com uma visão que exalta a República, quando esta já tinha se provado não ser a dos sonhos de Gonzaga Duque? Uma certa imaginação utópica percorre os seus escritos. Já neste livro procura lembrar uma outra história, uma tradição de rebeldia. A República possibilitava pensar num horizonte maior. É verdade que, pelo menos desde 1880, havia anseio por mudanças, experimentações, novas maneiras de encarar o real. Em artigo escrito na *Revista Contemporânea*, em 1900, Gonzaga Duque tematiza esse sentimento comum a seu grupo, de que estavam vivendo "num tempo vazio". E acrescenta: "O pieguismo, a graçola de nossa Literatura sobrecarregava-nos de tédio"[6]. Em contraponto, existe em *Revoluções brasileiras* uma visão trágica da história nacional que pode reconhecer a violência nos movimentos políticos de transformação, os massacres de revoltas e insurreições. Mas aqui sua tentativa parece ser a de criar um sentido para essa República que perdera o rumo, como um ideal talvez impossível de ser atualizado.

O domínio do estilo de Gonzaga Duque entremeia, num mesmo relato, a descrição mais convencional, por vezes monótona, de episódios, nomes de personagens e datas, com a narrativa dramática de cores e gestos. Nesse enredo, com o recurso a elementos pictóricos e cênicos, certos personagens se tornam emblemas da insubmissão como o caso de Anita Garibaldi, na Guerra dos Farrapos, que surge no campo de batalha lembrando

---

5. Pompéia, Raul. Introdução. In: Octavio, Rodrigo. *Festas nacionaes*. Rio de Janeiro, F. Briguiet & Cia., 1893, p. I-XXIII. Carlos Maul, bem mais tarde irá se reportar a esse paralelo entre o esquecimento de *Revoluções brasileiras* e do texto de Pompéia, desaparecido das edições ulteriores do livro de Rodrigo Octavio, talvez em razão do tom florianista radical presente em ambos. Cf. Maul, 1966, art. cit.
6. Apud Brito Broca, *Papéis de Alceste*. Campinas, Unicamp, 1991, p. 226.

a figura feminina do quadro de Delacroix, "A Liberdade conduz o Povo", de 1830. Da mesma forma configuram-se as páginas que recontam a queda de Palmares, a condenação e morte de Tiradentes, os lances épicos da Revolução de 1817, os últimos momentos de Frei Caneca. Nada parecido a essas passagens em força expressiva, pelo alto tom poético das imagens e, ao mesmo tempo, na ênfase retórica do valor historiográfico de cada um desses movimentos ou dessas lideranças, terá sido escrito com tanto empenho e vibração, mesmo em produções culturais de esquerda ulteriores.

Ao mesmo tempo, sinais de um comprometimento limitador percorrem a narrativa e, especialmente, o capítulo final, em que o autor carrega nas tintas ao pintar a proclamação da República como culminância revolucionária de um processo, alçando as figuras de Deodoro e, sobretudo, Floriano, a heróis da nacionalidade; destaque que se completa, de maneira contraditória, com a elevação dos papéis de Osório e, principalmente, Caxias, como protagonista do futuro exército nacional republicano na repressão a várias daquelas revoluções.

Em março de 1897, Gonzaga Duque prefaciava a primeira edição de *Revoluções brasileiras*, munido de um ideal de servir à cidadania e à "formação das almas" no dogma da pátria republicana. Era propriamente o momento de elaboração de uma "mística republicana". Podem-se lembrar, a esse respeito, vários exemplos na intelectualidade da época, desde um Araripe Jr., que, no opúsculo *Função normal do terror nas sociedades cultas: capítulo para ser intercalado na história da república brasileira* (1891), faz a defesa da legitimidade da violência com base em ideário jacobino de 1789, até um José Veríssimo, que, na obra também didática *O século XIX* (1899), incorpora a ideologia do progresso e a confiança num futuro pautado pelo "socialismo evolutivo".

No prefácio da segunda edição, de maio de 1905, Gonzaga Duque reafirma o sentido geral da obra, embora de modo já menos engajado com o regime de 1889, fixando-se então na justificativa para o sentido do termo "revoluções". Como compreender esse aparente recuo? Talvez, no desdobramento de sua obra ficcional possam-se encontrar alguns sinais. Pois a decadência e a morte da arte, as ilusões perdidas de toda uma geração de jovens criadores, que desprezavam a civilização do valor de troca em nome da escritura "artística": e da pintura fundada em novos símbolos e modos de representação, temática central do romance *Mocidade morta*, não poderiam configurar o outro lado, noturno e boêmio, desse progressismo republicano?

Ainda intensamente vinculado ao ideário romântico — no que este tem de mais rebelde e anticapitalista — *Mocidade morta* mantém uma correspondência simbólica com essa grande desilusão do progresso, desilusão com os rumos do republicanismo real — o dos massacres das revoltas da Armada, Federalista e, sobretudo, de Canudos. Desilusão, enfim, com a decadência da "arte política", com a retórica oca do mundo oficial do Estado, de seus personagens planos — estética, social e moralmente. E com o desconcerto da política que, ao invés do renascimento da *polis* como arte da liberdade compartilhada na sociabilidade, degradou-se em artifício da dominação e discurso legitimador da violência estatizada. Pois Gonzaga Duque parece mesmo, nessa primeira década do novecentos, duvidar, como tantos outros artistas contemporâneos e posteriores, não só dos destinos da arte independente e do artista comprometido antes de tudo com seus símbolos, mas simultaneamente da política dos ideais republicanos, populares e socialistas em abstrato, do povo também abstrato, porque já convertido em massa, alheio à arte e à política, porque propenso a ser apenas consumidor de "pão e circo".

Valendo-se de construção narrativa épico-dramática e, portanto, incorporando elementos ficcionais, servindo-se de imagens simbolistas na descrição de cenários e personagens ou na produção dos efeitos suspensivos da trama, *Revoluções brasileiras* não é, apesar disso tudo, nem uma ficção histórica nem uma história ficcionalizada. Obra didática e como tal pontuada, predominam no texto o ensaio descritivo factual e a exposição dissertativa exemplar. Construção imaginária e simbólica, os limites de sua retórica são o da intervenção pública e pedagógica, que pretende educar; na perspectiva do novo regime, a mocidade das escolas do país.

Produz, assim, novas sequências de fatos, reencenando uma história, em parte oficial, em parte oculta. Este projeto institui outra verdade, a de outro poder, ele próprio voltado, então, para seus símbolos fundadores e para novos lugares plausíveis da memória. Esse efeito se dá pelo passado adormecido que representam, mas também pelas figuras de "repúblicas imaginárias" que inventam. São pequenos mitos comunitários nacionais em formato de "resumos históricos", que, assim resumidos e encadeados num crescendo, como peças dramáticas soltas mas cumulativas, constroem essa nova tradição revolucionária republicana, nada inócua, nada cômica, inteiramente edificante.

F. F. H. e V. L.

SOBRE ESTA EDIÇÃO

Esta é uma nova edição de *Revoluções brasileiras*, de Gonzaga Duque. Livro esdrúxulo na produção do romancista de *Mocidade morta*, do autor dos contos simbolistas de *Horto de mágoas* e do crítico de artes plásticas, que escreveu *A arte brasileira*, *Graves e frívolos* e *Contemporâneos*, pode-se perguntar o que o levou a enveredar pela história política do país. Em geral, *Revoluções brasileiras* não é sequer mencionado pelos poucos autores que tratam de sua obra.

As edições anteriores são hoje raríssimas. A primeira, de 1898, com o subtítulo *Resumos históricos*, tem um prefácio do autor de março de 1897. Pode-se verificar um relativo sucesso de sua recepção na virada do século pelos artigos de Coelho Neto, na seção "Fagulhas", na primeira página da *Gazeta de Notícias*; de Artur Azevedo, em *O País*; e de Medeiros de Albuquerque, em *A Notícia*, todos no ano de sua publicação. Estas resenhas, por seu valor histórico, foram anexadas ao final da presente edição.

Documento localizado no Arquivo de Literatura Brasileira da Casa de Rui Barbosa confirma o objetivo do autor de ampliar o alcance da obra. Numa carta impressa e subscrita por Gonzaga Duque, com data de junho de 1898 — e reproduzida no Apêndice —, dirigida a todos os membros dos Conselhos de Instrução estaduais, afirma-se o caráter didático-formativo do livro, pleiteando sua adoção "para completar o ensino da história pátria" nas escolas públicas primárias e secundárias.

Revisto pelo autor, o livro foi reeditado, em 1905, com tiragem em "terceiro milheiro" e uma observação impressa em sua folha de rosto: "Obra aprovada e adotada pelo Conselho Superior de Instrução do Distrito Federal, dos Estados do Rio e do Paraná". Além disso, no arquivo particular do autor, pertencente à Casa de Rui Barbosa, encontramos um interessante documento: em carta original, dirigida ao próprio Gonzaga Duque, datada de 30 de julho de 1906, a Diretoria Geral da Instrução

Pública da Capital do Estado de Pernambuco encaminha-lhe portaria de aprovação e adoção de *Revoluções brasileiras* nas escolas primárias do Recife.

Nesta segunda edição, Gonzaga Duque assina outra nota introdutória com o título de "Por que *Revoluções?*". No entanto, apesar desta segunda publicação, a estranheza do livro, seu não enquadramento nem a formatos literários nem a modelos históricos convencionais, explica muito de seu ulterior abandono.

Escritor minucioso, Gonzaga Duque retrabalhava palavra a palavra seus textos. A segunda edição é bem diferente da primeira pela reelaboração de frases e períodos inteiros, embora se mantenha a mesma estrutura. Esta edição foi feita a partir de um volume de 1905, encontrado em sua biblioteca, encadernado em couro e com as iniciais GD na lombada. O precioso neste exemplar é que traz anotações com sua letra nas margens e nos rodapés, o que nos levou a presumir que Gonzaga Duque revia mais uma vez a obra com vista a uma nova edição. Encontramos, inclusive, referências esparsas ao aparecimento de uma possível terceira edição, o que, no entanto, não se confirmou. Pelo menos até o momento de finalizarmos a presente edição, após vários anos e acervos pesquisados, não houve nenhuma pista mais objetiva sobre a existência de tal anunciada publicação.

Todas as alterações manuscritas, feitas à tinta pelo autor, foram incorporadas ao presente texto, com notas dos organizadores, indicando o que figurava na segunda edição. Seus comentários, às vezes em papéis colados nas páginas do livro, se transformaram, aqui, em notas de roda pé, assinaladas como: N. do A. — manuscrita. Já as três únicas notas constantes da segunda edição vêm grafadas como: N. do A./1905. Todos os demais comentários e notas são dos organizadores.

Cotejamos as duas edições existentes, para esclarecer dúvidas quanto ao léxico e à pontuação. Nisso, erros tipográficos óbvios foram esclarecidos. Usamos como referência para a transcrição do texto as recentes edições de *Mocidade morta* (1995) e *Horto de mágoas* (1996), preparadas pelo Setor de Filologia da Fundação Casa de Rui Barbosa.

Embora em *Revoluções brasileiras* Gonzaga Duque busque

uma linguagem mais didática, não deixam de aparecer os termos raros e as construções complexas de seu universo vocabular, extremamente rico, em que convivem neologismos, arcaísmos e estrangeirismos. Sua consciência da linguagem como produtora de sentido seleciona e reordena os fatos, numa narrativa que busca semelhanças entre os movimentos revolucionários que relata. Adverte que "a exposição é feita de modo a impressionar os seus jovens leitores", compondo quadros e detalhes do "cenário de sangue e fogo de nossa passada existência nacional". Por isso, embora adaptando-se certas formas às convenções que hoje vigoram, tentou-se alterar o menos possível sua escrita, em que o ritmo e a plasticidade configuram as imagens e movimentam a cena dramática.

Manteve-se, por exemplo, a elisão, como em *d'encontro*, *d'agonia*, *d'armas*, que Gonzaga Duque emprega com muita frequência em todos os seus livros. E permaneceu, em geral, a pontuação como a usou o autor, por interferir na atribuição de sentido. Conservaram-se também as oscilações quanto à grafia de certos vocábulos, como entre "artilharia" e "artilheria", por serem comuns no português da época. Foram feitas notas apenas para algumas palavras que, não encontráveis no dicionário de Aurélio Buarque de Holanda Ferreira, dificultariam a compreensão do texto.

Quanto à veracidade factual dos relatos, é evidente que ocorrem vários equívocos historiográficos ao longo da narrativa. Isso, aliás, também pode ser observado em outras obras do autor, como em *A arte brasileira*. Boa parte de suas fontes eram secundárias e incorriam necessariamente nas convenções do historicismo positivista, em que a objetividade onisciente do narrador construía grandes quadros panorâmicos, repletos de laços e informações imprecisas. O que importou aqui, para além da precisão documental, foi ressaltar a concepção original desse livro, seja no plano da pedagogia republicana, seja no conteúdo político-ideológico do recorte temático com que opera, seja na elaboração estética de sua linguagem.

A concretização deste trabalho de pesquisa e edição tornou-se possível a partir do apoio proporcionado pela Fundação Casa de Rui Barbosa, pelo CNPq e pela FAPESP, instituições às quais os organizadores agradecem.

F. F. H. e V. L.

CRONOLOGIA

1863 - Luís Gonzaga Duque-Estrada nasceu em 21 de junho, no Rio de Janeiro, à rua do Sabão, Cidade Nova. De ascendência nórdica, por parte do pai, foi registrado pelo pai adotivo José Joaquim da Rosa, com o sobrenome da mãe, Luiza Duque-Estrada.

1880 - Funda com Olímpio Niemeyer o jornal *O Guanabara*.

1882 - Colabora na *Gazetinha* de Artur Azevedo.

1883 - Atua na *Gazeta da Tarde* de José do Patrocínio.

1885 - Casa com Júlia Lopes Duque-Estrada, com quem teve quatro filhos: Oswaldo, Dinorah, Haroldo e Lygia.
- Inicia um "romance de costumes brasileiros" intitulado *O Tio Lotério*, que permanece apenas em esboço.

1887 - Atua como crítico de arte em *A Semana*, com o pseudônimo de Alfredo Palheta.
- Serve como modelo para a figura masculina do quadro *Arrufos*, de Belmiro de Almeida.

1888 - Publica seu primeiro livro, *A arte brasileira*, uma história crítica original das artes visuais no Brasil, fonte de consulta obrigatória para o estudo da produção artística do período colonial e século XIX.

1889 - Viaja a Portugal, onde permanece seis meses.
- Participa da *Folha Popular*, revista que aglutina o primeiro grupo simbolista carioca.

1893 - É nomeado 2º Oficial da Diretoria do Patrimônio Municipal.

1894 - Participa da simbolista *Revista dos Novos*.
- Publica o livro *A dona de casa*, sob o pseudônimo de

Sylvino Júnior, um "manual de artes domésticas, dirigido às mães de família".

1895 - Funda com Lima Campos a *Rio-Revista*.
- Participa da revista *Thebaida*.

1896 - Participa da revista *Decálogos dos Novos*.

1897 - Também com Lima Campos funda *Galáxia*, outra revista simbolista.

1898 - Publica a 1ª. edição de *Revoluções brasileiras*.
- Funda a revista *Mercúrio*.

1899 - Publica o romance *Mocidade morta*, narrativa em que desenvolve uma reflexão sobre o meio artístico de seu tempo, através de um alter ego, o crítico Camilo Prado.
- Funda a revista *Pierrô*.

1900 - Publica *Marechal Niemeyer*, um pequeno ensaio biográfico.
- Inicia a elaboração do romance anarquista *Sangravida*, sobre o qual irá trabalhar de forma intermitente, deixando-o inacabado.
- Inicia um diário íntimo, *Meu jornal*, que terá anotações até 1904.

1901 - Funda a revista *Mercúrio*.
- Em maio, a *Revista Contemporânea*, dirigida por seu amigo Luiz Edmundo, dedica-lhe um número especial.
- Entre março e abril, muda-se da Rua Voluntários da Pátria, nº. 91, Botafogo, para a Rua Senador Vergueiro, nº 65, Flamengo.

1904 - Começa sua importante atuação como crítico de arte e cronista na revista *Kosmos*, em que colabora até o fim da publicação (1909).
- É retratado por Helios Seelinger no quadro *Boêmia*, ao lado de outros escritores e artistas de sua geração.

1905 - Publica a 2ª. edição de *Revoluções brasileiras*.

1907 - Com Lima Campos e Mário Pederneiras funda *Fon-Fon*. Nesta como em outras revistas, usa os pseudônimos de Jonathan; J. Meirinho; Diabo Coxo; Amadeu, o Risonho e André de Resende.

1910 - Eliseu Visconti pinta-lhe o retrato, *Gonzaga Duque*, hoje no acervo do Museu Nacional de Belas Artes.
- É nomeado Diretor da Biblioteca Municipal.
- Reúne artigos publicados em *Kosmos* no volume *Graves e frívolos: por assuntos de arte*.

1911 - Morre do coração ao voltar da redação de *Fon-Fon*, a 8 de março.

* * *

Seu livro de contos *Horto de mágoas* e a coletânea de artigos *Contemporâneos* são publicações póstumas, o primeiro em 1914 e o segundo em 1929.

Em 1991, seu diário íntimo "Meu Jornal" (1900-1904), até então inédito é publicado por Vera Lins em *Gonzaga Duque: a estratégia do franco-atirador*.

Além da obra esparsa em diversos jornais e revistas (crônica, crítica e ficção), deixou vários textos inéditos manuscritos. Seu acervo pessoal, preservado pelo genro e poeta Murilo Araújo e pela neta Maryssol Duque Araújo, foi cedido e incorporado ao Arquivo-Museu de Literatura da Fundação Casa de Rui Barbosa.

Sobre as reedições mais recentes de alguns de seus livros, consultar a Bibliografia.

BIBLIOGRAFIA

A - Obras de Gonzaga Duque:

DUQUE, Gonzaga. *A arte brasileira*. Rio de Janeiro, H. P. Lombaerts, 1888; 2ª. ed.: Campinas, Mercado de Letras, 1995 (Edição organizada por Tadeu Chiarelli).

_____. *A dona de casa* (sob pseud. de Sylvino Junior). Rio de Janeiro, Francisco Alves, 1894; 2ª. ed.: 1903.

_____. *Revoluções brasileiras: resumos históricos*. Rio de Janeiro, Typ. do "Jornal do Commercio", 1898; 2ª. ed.: Rio de Janeiro, Laemmert & C., 1905.

_____. *Mocidade morta*. Rio de Janeiro, Ofic. Livr. Moderna, 1899; 2ª. ed.: Rio de Janeiro, INL, 1971; 3ª. ed.: São Paulo, Três, 1973; 4ª. ed.: Rio de Janeiro, Fundação Casa de Rui Barbosa, 1995 (Edição organizada por Adriano Gama Kury, Alexandre Eulalio e Homero Senna).

_____. *Marechal Niemeyer*. Rio de Janeiro, Maia & Niemeyer, 1900.

_____. *Graves & frívolos: por assuntos de arte*. Lisboa, Clássica, 1910; 2ª. ed.: Rio de Janeiro, Sette Letras e Fundação Casa de Rui Barbosa, 1997 (Edição organizada por Vera Lins).

_____. *Horto de mágoas*. Rio de Janeiro, Benjamin de Áquila, 1914. 2ª. ed.: Rio de Janeiro, Secret. Municipal de Cultura, 1996 (Edição organizada por Vera Lins e Júlio Castañon (Guimarães).

_____. *Contemporâneos*. Rio de Janeiro, Typ. Benedicto de Souza, 1929.

B - Sobre Gonzaga Duque e o Simbolismo:

BROCA, Brito. *Papéis de Alceste*. Campinas, Unicamp, 1991.

_____. *A vida literária no Brasil* – 1900. 3ª. ed. Rio de Janeiro, José Olympio, 1975.

CAMPOS, Humberto de. *Crítica*. Rio de Janeiro, José Olympio, 1934, vol. III.

CAROLLO, Cassiana Lacerda. *Decadismo e simbolismo no Brasil*. Rio de Janeiro, Livros Técnicos e Científicos, 1980, 2 v.

COUTINHO, Afrânio (dir.). *A literatura no Brasil*. 3ª. ed. revista atualizada. Rio de Janeiro, José Olympio; Niterói, UFF, 1986, vol. 4.

DIMAS, Antônio. *Tempos eufóricos: análise da revista Kosmos, 1904-1909*. São Paulo, Ática, 1983.

EDMUNDO, Luiz. *O Rio de Janeiro de meu tempo*. Rio de Janeiro, Xenon, 1987.

EULALIO, Alexandre. *Literatura e artes plásticas*. Rio de Janeiro, Fundação Casa de Rui Barbosa, 1989.

GRIECO, Agrippino. *Evolução da prosa brasileira*. Rio de Janeiro, Ariel, 1933.

_____. *Poetas e prosadores do Brasil*. Rio de Janeiro, Conquista, 1968.

GUIMARÃES, Julio Castañon. Gonzaga Duque: ficção e crítica de artes plásticas. In: Fundação Casa de Rui Barbosa. *Sobre o pré-modernismo*. Rio de Janeiro, FCRB, 1988: 83-103.

HARDMAN, Francisco Foot. Antigos modernistas. In: Novaes, A. (org.). *Tempo e história*. São Paulo, Comp. Letras / Secreto Mun. Cultura, 1992: 289-305.

LINHARES, Temístocles. *História crítica do romance brasileiro*. Belo Horizonte, Itatiaia; São Paulo, Edusp, 1987, vol. I.

LINS, Ronaldo Lima. Ordem política e dissimulação ficcional. In: *Violência e literatura*. Rio de Janeiro, Tempo Brasileiro, 1990: 217-231.

_____. A terceira margem: veredas. In: *Nossa amiga feroz: breve história da felicidade na expressão contemporânea*. Rio de Janeiro, Rocco, 1993: 132-153.

LINS, Vera. *Gonzaga Duque: a estratégia do franco-atirador*. Rio de Janeiro, Tempo Brasileiro, 1991.

_____. *Novos pierrôs, velhos saltimbancos: os escritos de Gonzaga Duque e o final de século XIX carioca*. Curitiba, Secretaria do Estado de Cultura do Paraná, 1998.

_____. *Gonzaga Duque: crítica e utopia na virada do século*. Rio de Janeiro, FCRB, 1996 (Papéis avulsos, 25).

LUZ, Fabio. *Dioramas: aspectos literários*. Rio de Janeiro, Ravaso, 1934.

MARTINS, Wilson. *História da inteligência brasileira*. São Paulo, Cultrix/ Edusp, 1977-78, vols. IV, V e VI.

MAUL, Carlos. O Gonzaga Duque que eu conheci. In: *Jornal do Commercio* (Folhetim), Rio de Janeiro, 7-maio-1966.

MOISÉS, Massaud. *O simbolismo*. São Paulo, Cultrix, 1996.

MORAES, Péricles. *Legendas e águas-fortes: ensaios críticos*. Manaus, Livr. Clássica, 1935.

MURICY, Andrade. *Panorama do movimento simbolista brasileiro*. Rio de Janeiro, INL, 1952, 3 v.

OCTAVIO FILHO, Rodrigo. *Velhos amigos*. Rio de Janeiro, José Olympio, 1938.

PESSOA, Frota. *Crítica e polêmica*. Rio de Janeiro, Artur Gurgulino, 1902.

SCHIAVINATTO, Iara Lis F. História, arte e povo: uma produção do passado. In: *História*. Assis, SP, Unesp, (11), 1992: 103-120.

_____. Das tramas do ver: Belmiro de Almeida. Campinas, IA/Unicamp, 1990 (Mestrado em Multimeios).

SÜSSEKIND, Flora. *Cinematógrafo de letras: literatura, técnica e modernização no Brasil*. São Paulo, Companhia das Letras, 1987.

_____. O figurino e a forja. In: Fundação Casa de Rui Barbosa. *Sobre o pré-modernismo*. Rio de Janeiro, FCRB, 1988: 31-47.

VECCHI, Roberto. Reescrevendo a Inconfidência: Gonzaga Duque e a demanda de muitos fundadores da nova ordem republicana. In: *Rassegna Iberistica*. Veneza/Roma, Bolzoni, (62), 1998: 27-38.

VELLOSO, Monica Pimenta. *Modernismo no Rio de Janeiro: turunas e quixotes*. Rio de Janeiro, FGV, 1996.

VÍTOR, Nestor. *Obra crítica*. Rio de Janeiro, FCRB, 1969-1979, 3 v.

REVOLUÇÕES BRASILEIRAS

Por que *Revoluções*?

Quando este livro apareceu, na sua primeira edição, houve quem o censurasse pelo título. A palavra pluralizada *revoluções* foi tomada num sentido restrito.

Ora, vejamos até que ponto chega a razão do censor, não direi austero, mas destemperado.

Os melhores dicionaristas dizem-na procedente do latim. Moraes e Silva, dentre eles o mais conceituado, assim a decompõe e explica: ... "de *re*, partícula reduplicativa, e *volvere*, volver; o ato de revolver o que estava assentado... FIGURADO — *Revoluções nos Estados*, mudanças que os alteram na forma, e polícia, povoações, etc., revoltas, perturbações..."

Frei Domingos Vieira di-la "do latim *revolutio*, de *revolutus... figuradamente*: mudança nas causas do mundo, nas opiniões. Mudança violenta na política e no governo de um estado."

Caldas Aulete esclarece: "Mudança na constituição de um estado ou na opinião pública de um país ou estado; transformação das suas instituições; alteração e mudança violenta na política de um país...".

Assim posto, as guerras civis que, como guerras, são meios violentos de reação, e como insurreições alteram a ordem estabelecida, estão compreendidas neste termo, que é genérico e tem a sanção vulgar. É possível que, em Portugal, o povo não confunda sedições ou revoltas com revoluções, na equivalência política do termo; mas, no Brasil, revoluções é uma palavra usual, no falar do povo ela representa a forma genérica de todas as perturbações intestinas.

No tempo em que o portuguesismo mais diretamente influía nos nossos hábitos e, por isso, o nosso falar era mais português, o termo revolução foi menos corrente na sua acepção política. Assim, para designar os motins sanguinolentos, durante a Regência, o vulgo empregava a palavra *rusgas* que, também, revestia o sarcasmo de suas opiniões; ao movimento separatista do Rio

Grande do Sul chamou guerra, por sua violência e duração; à reação liberal de Pernambuco, em 1848, denominou-a de *revolta praieira*, pois que os liberais eram ali chamados *praieiros* ou *partido da praia*.

Hoje, porém, e apesar do louco esforço de sebáceos vernaculistas que lhe querem torcer a direção natural do seu evolucionismo linguístico, ele as denominaria, teimosamente, de revoluções como tem feito e faz com todos os motins e todas as sedições mais ou menos duradouras. Para ele o motim de 1º. de janeiro de 1880 é a *Revolução do Vintém*, o levante do sargento Silvino na fortaleza de Santa Cruz, em 1892, ficou memoriado pelo nome de *Revolução do Silvino*, a revolta chefiada pelo almirante Custódio de Melo, em 1893, será sempre a *Revolução da Armada*.

Dirão puristas, menos pretensiosos do que maníacos, que um escritor tem por dever corrigir os erros do vulgo... mas, se isso merece consideração, maior obediência merece o dever dele procurar para suas obras títulos sintéticos, que as representem com precisão e as definem claramente ao entendimento de todos.

Exceção feita do *Quilombo dos Palmares* (que alguns historiadores chamam *República*, e sem vestígios de ironia), todas as narrações deste livro tratam de guerras civis com o objetivo da transformação de governo, senão completa como as que pretendiam a forma republicana, pelo menos parcial, porque alvejavam a substituição do governo local. Com elas os abalos econômicos, políticos e sociais, foram grandes; a ordem pública sofreu fundamente; a administração geral do país pejou-se de responsabilidades pelos gastos excessivos do erário nacional, e desequilibrou-se sob as divergências do partidarismo; a sociedade foi convulsionada, dividida em parcerias, dizimada pelas lutas; a fortuna particular perdeu-se nos saques, nos incêndios e na perturbação de todos os negócios; a família foi desrespeitada, a vida de homens, mulheres e crianças, entregue aos instintos dos facciosos... E não bastam esses descalabros para nos convencermos de que foram revoluções, lexicologicamente revoluções, que fizeram o cenário de sangue e fogo da nossa passada existência nacional?...

Portanto, a censura fica reduzida ao que verdadeiramente foi, nem mais nem menos que uma nuga.

Rio, maio de 1905.
G.D.

Advertência (da 1ª. edição)

O conhecimento histórico das origens republicanas é um dever da educação de um povo livre, alenta a alma patriótica da mocidade e desenvolve a crença política no coração dos cidadãos.

A história do Brasil, que até hoje tem sido escrita para uso das escolas e para a leitura dos nossos jovens patrícios, não atende a este *desideratum* porque ficou restrita aos estreitos moldes convencionais do ensino monárquico; é omissa e deficiente na referência às sucessivas e sangrentas guerras que vieram conduzindo a nova nação sul-americana à posse do governo do povo pelo povo.

E é esta, precisamente, a parte da sua história que o povo, representado na sua mocidade, precisa de conhecer, porque aí estão os exemplos de civismo dos seus antepassados que, sem medir esforços, lutaram pela liberdade e pela civilização a que conseguimos chegar.

Assim, sem pretender realizar inovações nem abalançar-se a preencher lacunas, o autor deste livro procurou reunir, o mais sucintamente possível, o histórico dos fatos que concorreram para a proclamação do atual regímen, e o fez com a consulta de valiosos documentos, de jornais e publicações especiais, estudando-os imparcialmente e se esforçando por esvurmar deles os íntimos interesses do cego partidarismo.

Não está o livro sujeito à metódica divisibilidade dos processos modernos, o que talvez desperte censuras; mas, o seu autor, julgou que seria de nenhum aproveitamento prático essa vistosa pretensão, porquanto a sua exposição é feita de maneira a impressionar os seus jovens leitores, descrevendo as cenas mais notáveis e delas aproveitando as minudências mais características, sem prejudicar a necessária clareza da narração.

Antes de terminar convém dizer que, propositalmente, foram excluídas destas páginas a revolta comercial de Beckmann, a luta de concorrência entre *Paulistas e Emboabas* e alguns motins que não valiam ser historiografados; não obstante, o autor abre o livro com o *Quilombo dos Palmares* e isto porque, ao seu ver, ele serviu de exemplo às tênues aspirações republicanas do chefe da *Guerra dos Mascates*, que foi um dos mais salientes destruidores daquele desenvolvido povoado de negros.

O livro aí está para ser julgado e, sem desprezar esse julgamento, fica com o seu autor a consoladora convicção de que, pelo trabalho, desejou servir à sua pátria.

Capital, março de 1897.

I
QUILOMBO DOS PALMARES
(Pernambuco — 1630-1695)

Enquanto as armas luso-brasileiras chocavam-se nos campos de batalha d'encontro ao aço batavo, aceirado nas forjas d'Amsterdã e de Haia, quarenta negros que o tráfico tinha roubado às tórridas regiões de África, unindo-se a um pequeno número de mulheres parceiras, fugiam dos engenhos do Porto Calvo para os sertões circunvizinhos, confinados com as Alagoas.

Galgando a serra áspera, lutando com a fulva onça feroz e os devastadores queixadas bandeiros, afugentando os terríveis répteis peçonhentos, eles escolheram um sítio agreste e aí fundaram o grande Quilombo dos Palmares, onde viveram vida independente e sociável durante sessenta e cinco anos!

Sobre os passos dos primeiros outros vieram e, a pouco e pouco, as choças foram surgindo dentre a ramagem densa da floresta como uma cidade rústica.

De outros distritos, de outros lugares, chegavam escravos foragidos e os do quilombo embrenhavam-se cautelosamente na solidão das matas, desciam para os amanhos dos engenhos, ao encontro dos cativos para segredar-lhes a direção do couto, onde a liberdade tinha levantado pela fé cristã um enorme cruzeiro tosco de Redenção.

Com o desenvolvimento do quilombo, na sua maioria composto de homens, veio a necessidade da família, que seria medida de tranquilidade e povoamento. Então, como os fundadores de Roma, eles desceram ao rapto das Sabinas etíopes, levando para a taba dos Palmares as esposas dos negros livres que viriam dar aos brancos o exemplo da disciplina de uma coletividade que a instrução não cuidou nem o direito reconheceu, organizando a administração da igualdade e constituindo a mais bela prova do espírito de confraternização. Do mais forte e atilado fizeram, por aclamação, o *Zumbi*, chefe supremo que manteria a obediência, exerceria a justiça e cuidaria da segurança interna. O *Zumbi* nomeou os magistrados e os chefes militares, planejou a defesa do quilombo e instituiu a sua moral. O homicídio, o adultério, o roubo (salvo à propriedade do branco, considerado inimigo) e a traição, eram punidos com a pena de morte.

Recolhidos às isoladas paragens das serras tinham a floresta virgem que lhes dava a caça, os frutos silvestres e os cocos saborosos; em seus recôncavos colhiam as ervas medicinais, a macela e a ipecacuanha, o fumo bravo e o maravilhoso angico, a quina antifebril e o odorífero bálsamo do coquinho; o pereiro e a carnaúba davam as velas para a luz, a majestosa catolé o caroço doce e o palmito; a massaranduba, a sapucarana e o garapu as madeiras para as habitações, a lenha para os fogos. Uma lagoa próxima facilitava-lhes a água potável e a pesca. Se a natureza os favorecia a livre existência, o trabalho aumentava-lhes o bem-estar. Cultivavam a cana-de-açúcar, a mandioca e os legumes. Lavravam a terra, abriam as rochas, exploravam os rios. E já pelas imediações vinham trazer, para comércio com os moradores, as raízes alimentícias, os frutos do cultivo, o ouro e as pedras preciosas.

Quarenta anos depois da expulsão dos holandeses e porque os senhores sofriam deserções nas suas escravaturas, o governador Caetano de Melo Castro deliberou destroçar essa república dos negros que poderia servir de molde utilitário aos brancos desprovidos de senso administrativo.

Tendo o seu antecessor proposto essa empresa ao mestre de campo paulista Domingos Jorge Velho, que estava batendo os índios nos sertões da Bahia, Caetano de Melo reiterou o convite por intermédio de D. João de Lencastro, governador daquela capitania. Aceita a proposta que lhe dava enormes recompensas, Domingos Jorge saiu do Pinhacó, à frente de um exército de mil homens, atravessou Urabá e acampou nas proximidades dos Palmares. Mas, adiantando-se alguns dos seus soldados a furtarem os frutos das bananeiras nas culturas dos quilombolas, esses, que tinham postos de vigilância, a que denominavam *mocambos*, desconfiaram da chegada daquela gente e caíram de chofre sobre ela, penetrando no seu acampamento. Assim colhido Domingos Jorge ofereceu a resistência que podia, e tratou de efetuar uma retirada porque a luta era desigual. Com muita dificuldade para conter a disciplina e escapar-se, tanto do emaranho das matas quanto da perseguição dos negros, conseguiu chegar à vila de Porto Calvo, onde Caetano de Melo formava outro exército expedicionário.

Nesse distrito estava o capitão-mor Bernardo Vieira de Melo com três mil homens bem armados. Esperava-se a junção de outro corpo ao mando de Cristóvão Lins de Vasconcelos com gente da vila de Alagoas, S. Francisco de Penedo, S. Miguel e Alagoas do Norte, forte de mil e quinhentos soldados e mais outros mil e quinhentos guiados por Sebastião Dias e Rodrigues de Barros Pimentel. Depois de realizada a junção partiu o exército com destino a Palmares.

Compreendia a povoação do quilombo o diâmetro de um círculo de mais de légua, guarnecido por forte estacada, com baluartes em duas ordens de altos paus, dos mais grossos que a floresta podia fornecer.

Para penetrar-se no vasto círculo seria preciso franquear três portas formidáveis, e defendidas por plataformas.

No centro do terreno, servindo de atalaia, elevava-se um penhasco cujo dorso murava profundo despenhadeiro, tornando inexpugnável o povoado, caso fosse escalado pela parte d'oeste.

O exército atacante foi dividido em quatro colunas, a do centro, comandada por Bernardo Vieira de Melo, a da direita por Domingos Jorge, a da esquerda por Sebastião Dias, que correspondiam às três portas, e outra, para contornar o povoado, ao mando de Barros Pimentel e Lins de Vasconcelos. Recebida a ordem de atacar, as três colunas acometeram as portas a machado, enquanto diversos grupos de soldados procuravam escalar as estacadas.

Os negros correram à defesa. A vanguarda invasora recebeu em pleno peito uma descarga mortífera. As trincheiras, transformadas em casamatas, não deixavam alvejar o inimigo que, das plataformas e baluartes, tinha a pontaria certeira.

Num momento os primeiros escaladores rolaram por terra, reboleando na poeira, feridos pelos dardos, queimados por água fervendo, repelidos por alcanzias de fogo.

A luta continuou infrene, sem vantagens para as tropas luso-brasileiras. A cada arremesso correspondia um insucesso. Entretanto, a resistência dos negros não podia ser duradoura porque estavam encurralados no povoado. Já a pólvora lhes faltava e era com saraivadas de azagaias e flechas que sustentavam a defesa. Já os víveres escasseavam, os paióis ficavam vazios, porque havia vinte mil bocas esfomeadas, a água tornara-se salobra e as mães negras davam os seios às criancinhas sentindo-lhes os lábios escaldantes, aflitos no chupar inútil dos mamilos. Quando a noite descia, os dez mil negros de armas retemperavam as forças, experimentadas durante o sol, para sustar as ciladas. As mulheres, em serão, aninhando os filhos aos regaços, preparavam os virotes mortíferos, ponteavam as flechas, enquanto ao longe, nas estacadas, a mosquetaria estalava intermitente e um ou outro homem desabava, batendo seco no solo.

Vieram as chuvas de março, veio a água ao fogo das entranhas humanas, mas não veio o alimento nem veio a esperança! As últimas raízes, já pubas, eram devoradas numa trituração raivosa de fome e de vingança. Em algumas bocas a saliva escorria pelas comissuras labiais d'envolta com o barro. O azeviche dos rostos fazia-se amarelento, olhos rolavam doloridos em órbitas fundas, e a espádua luzente das moças negras, numa aspereza de pele curtida, acusava a ossamenta dos esqueletos. E os brancos lá estavam! As plumas vermelhas de seus chapéus cinzentos tremulavam; os campanulados canos de seus arcabuzes vomitavam fogo, chispava a pederneira dos mosquetes e das escopetas, retiniam os ferros brunidos de suas armas...

Rolava o dia[1], abria-se a noite, e sempre o inimigo a tentar a escalada, a persistir sem descanso! Mas, eles deviam ir-se, porque também faziam alcateia à caça, buscavam o alimento. Um dia, em maio... As chuvas tinham cessado, os pereiros revestiam-se de folhagem nova, quando d'atalaia dos Palmares se avistou a chegada de outro exército. As matas encheram-se da rutilação de suas espadas, d'alegria de seus vestuários coloridos.

---

1. Foi substituído "sol" por "dia", conforme anotação manuscrita do autor, à margem.

Chegavam boiadas mugidoras, cargueiros lestos com munições...
O *Zumbi* parou o olhar no horizonte, rilhando os dentes com o desespero da sua impotência.

E as mulheres, lá por baixo, no círculo do povoado, em torno do cruzeiro tosco, pareciam escuras panteras famintas, numa arena deserta, farejando os cantos, esfrangalhadas e ansiantes. Na frescura do ar, sob o céu tranquilo do Equador, nesse tempo de alento, pairava um cheiro nauseante de decomposição. O olfato avisava. Uma tristeza nostálgica crepusculava as almas, e o olhar pressentia no fofo da terra a putrefação das vítimas.

Os brancos, os malditos, acometiam outra vez!...

Os negros, cansados das vigílias, depauperados pela fome, alucinados pela febre, tombavam extenuados, morriam sem agonia.

Enfim! chegou a hora da decisão. Soam cornetas, rufam tambores. As matas retumbam o clangor dos sons.

O inimigo reúne a gente, forma os pelotões, desenvolve as fileiras, arremete contra o quilombo. O assalto é desesperado. As coortes brancas avançam; a gente dos Palmares repele-as, com os últimos recursos. O dardo zimbra e abate, a flecha zune e crava-se os braseiros espadanam das estacadas como um enxame diabólico de rubins fumegantes. Mas os grandes troncos das entradas rangem, desligam-se, voam em estilhaços, desabam como colunas.

A porta da esquerda está franqueada, e logo a do centro cede também aos golpes dos machados. Os soldados precipitam-se confusamente aos empurrões, pisando-se, ferindo-se, numa fúria de fazer mal, antegozando o suplício dos vencidos.

Os negros que não podem morrer, porque a fraqueza os impede de lutar, caem nas mãos inimigas; há mulheres que permanecem pasmadas, com os filhos entre os braços, olhando idiotamente para os vencedores; outras enlouquecem e riem e choram de rastros, trazendo os pequerruchos estreitados aos magros seios, pendentes e secos.

No alto d'atalaia o *Zumbi*, com seus chefes, olha petrificado para a devastação da *taba* que o branco pisa, domina, massacra e desbarata.

Do meio da confusão dos assaltantes um grito a parte: — O *Zumbi!* Cem, duzentos homens forcejam por vencer o outeiro para a conquista dessa cabeça que os fita com desprezo. E, antes que os brancos galguem o pináculo, antes que suas mãos de ódio toquem os membros hercúleos desses homens negros como a pedra esculpida de um obscuro século de incêndios, a heroicidade rasga-lhes uma crispação sardônica na dentuça branca e seus corpos rolam para o abismo do despenhadeiro que os acolhe numa informe massa ensanguentada[2].

2. A maior parte dos historiadores brasileiros e também o ilustre Oliveira Martins, na sua obra "O Brasil e as Colônias" afirmaram que o "Zumbi"e seus parceiros de governo do quilombo preferiram o suicídio ao cativeiro.
Isto é um erro, que um estudioso pesquisador da nossa história, o Sr. Mário Bhering, nos provou com esclarecimentos colhidos nos documentos do Conselho Ultramarino, existentes na Biblioteca Nacional.
Não retocamos a final redação do capítulo por motivos particulares; mas, com esta nota, nos salvaguardamos da responsabilidade histórica. (N. do A./ 1905).
Gonzaga Duque refere-se muito provavelmente a documento citado em artigo escrito por seu amigo Mário Bhering, jornalista e editor de *Kosmos*. Trata-se da consulta do Conselho Ultramarino de Lisboa, de 18 de agosto de 1696, assinada pelo conde Sepúlveda Serrão, que confirma a versão da morte e decapitação de Zumbi pela tropa paulista, capitaneada por André Furtado de Mendonça, em assalto em seu reduto, conforme carta do governador de Pernambuco, Caetano de Mello e Castro, de 13 de março de 1696. Ver Mário Bhering, "A morte do Zumbi", *Kosmos*, III (9), setembro de 1906.

II
GUERRA DOS MASCATES
(Pernambuco — 1710-1713)

As ondas emigrantistas que a metrópole portuguesa trazia ao Brasil Colônia, já corporizando a sua nacionalidade, crescia com as notícias de riquezas facilmente adquiridas, espalhadas pelas terras do reino.

A chegada dessa gente ambiciosa, desperta pela cobiça dos tesouros da terra americana, era causa do desgosto dos brasileiros, porque os emigrados, encorajados pela certa recompensa do ganho, entravam na capitania arrimados a um bordão e trazendo às costas a trouxa da pobre roupa esfrangalhada e, logo, *mascateando* pelos povoados e sertões, comprando com vantagens para vender com usura, mercadejando com afinco e decidida sagacidade, chegavam a amontoar fortuna, construir casarões de confortável morada e tomar, por hábeis transações, os melhores engenhos e sítios dos nacionais.

Ricos e pobres eram apanhados por essa urdidura de dilatado comércio e facilmente os primeiros, que habituados às comodidades da vida material, muito afeitos aos gozos que a riqueza dá e inventa, mais a mais se comprometiam com seus bens na terrível engrenagem das negociações.

A palavra *mascate* envolveu uma significação de menosprezo e por ela eram designados indistintamente todos os portugueses da capitania, quer vivessem do trabalho de mercadores ambulantes, quer da profissão de negociantes estabelecidos.

Havia muito tempo que esta causa fomentava ódios de parte a parte, mais aguçados e penetrantes pela franca proteção que os *mascates* encontravam no governador e soldados da capitania, portugueses como eles.

Em 19 de novembro de 1709 a corte de Portugal, a instâncias do governador Sebastião de Castro Caldas, elevou à categoria de vila o crescente povoado do Recife, tornando-o independente de Olinda. Essa resolução foi mal recebida pelos olindenses, que, não obstante a vantagem de ser o Recife porto de mar e contar para mais de oito mil almas, viam nisso, não tanto um abatimento da *nobreza* que habitava a velha cidade de Nassau, quanto um prejuízo para a população produtora em seus negócios, pois competindo então aos almotacés taxarem os preços dos víveres, e sendo o almotacé do Recife um *mascate*, era de prever que os gêneros conduzidos a mercado pelos naturais fossem taxados em preço muito baixo, e os que vendessem os *mascates* taverneiros se estimassem em subido preço.

Conhecida a resolução régia de 19 de novembro de 1709 inflamaram-se os ânimos dos olindenses e mais inimigos dos *mascates*; e o governador, violento como era, mostrou-se provocador e áspero, mandando prender alguns nacionais sob medida de repressão. A violência do ato mais excitou a adversão de muitos e o furor de alguém que nele disparou um tiro, no bairro de Santo Antônio. Cego de rancor, Sebastião de Castro Caldas proibiu o uso de armas, encheu as prisões de pessoas das quais suspeitava, e pretendeu prender o ouvidor geral, que era muito prezado pelos olindenses.

Esse, porém, pôde fugir a tempo, e a escolta de João da Mota, mandada para prendê-lo, foi batida e aprisionada pelo capitão-mor Pedro Ribeiro.

No dia 9 de novembro de 1710, Pedro Ribeiro e o capitão-mor do terço dos Palmares, Bernardo Vieira de Melo, à frente de uns dois mil homens, entravam no Recife, rasgavam o foral régio de 19 de novembro, soltavam os presos políticos, obrigando o governador a fugir para a Bahia. Em seguida Bernardo Vieira de Melo reuniu em conselho os nacionais revoltosos e propôs emancipar a capitania da tutela metropolitana e organizar uma república como tinham os venezianos, ideia infeliz pela imperfeição da forma, mas donde transpareciam já os primeiros sintomas da liberdade.

Foi julgada temerária a ideia de Vieira de Melo, apesar de alguns concordantes que preferiam o protetorado da França, *marcial, porém mais polida que a suserania portuguesa, grosseira e ferina*. Neste pensamento do protetorado francês estava de envolta uma picardia à Metrópole, porque nesse tempo as armadas de Luís XIV procuravam conquistar o Rio de Janeiro e a guerra da *Sucessão espanhola* separava rancorosamente os dois povos.

Não vingando a ideia do capitão-mor Vieira de Melo, foi o governo da capitania entregue ao bispo de Olinda, D. Manoel Álvares da Costa, que, para impedir graves motins entre as parcialidades, ou por temer o castigo da corte lusitana, esforçou-se por conciliar ambas as partes, prometendo perdão a uns e justiça a outros.

O curto espaço de sete meses durou a administração prelatícia, iniciada com dúbias palavras e nenhuma energia.

Durante esse tempo de fingida calma os *mascates* fizeram bem-sucedidas subscrições pelo comércio patrício, adquiriram abundantes mantimentos e muitas armas, aliciaram corpos de índios e de negros, quadrilhas de salteadores e até revoltosos da véspera! A poder de dinheiro chamaram à sua causa o mestre de campo do Terço dos Henriques, Domingos Rodrigues Carneiro, o governador dos índios D. Sebastião Pinheiro Camarão, que recebeu três mil cruzados, o capitão-mor do termo do Cabo, que acedeu seu apoio pela quitação do muito que devia aos *mascates*, o capitão-mor governador da Paraíba, João Maia da Gama e muitos outros. Por meio de perturbadores boatos, embustes, tramas e perversidade conseguiram levar avante a contrarrevolução e em 18 de junho, saíram à rua aos gritos de *viva El-Rei D. João V, morram os traidores!*

A surpresa surtiu efeito. A população amotinada não sabia que partido tomar. Aproveitando-se do sucedido, os *mascates* fizeram ostentação de forças, prenderam os nacionais, puseram esculcas nos limites da Vila e entregaram o comando das fortalezas a oficiais da sua confiança.

À vista desse movimento o bispo e o ouvidor recolheram-se ao colégio dos jesuítas, onde os *mascates* os foram buscar, ao cair da noite, protestando respeito às suas pessoas. Uma vez trazidos à vila foram postos de sentinelas à vista, como reféns, e o bispo foi obrigado a assinar papéis, declarando os intentos pacíficos e utilitários da contrarrevolução, para iludir o desforço que, por ventura, seus partidários do interior quisessem tomar. Graças, porém, à sua serenidade de ânimo o bispo conseguiu enganar os *mascates* e, a pretexto de visitar a fortaleza do Buraco, embarcou-se com o ouvidor em um bote, que fez remar para Olinda. Antes deles, ali chegaram, sorrateiramente, Manoel Cavalcanti, o capitão-mor André Dias, e o alferes André Vieira, que narraram os acontecimentos do Recife. Imediatamente formou-se a resistência. Não estando de acordo a função conciliadora da carreira eclesiástica com as violências marciais, D. Manoel Álvares da Costa passou o governo a uma junta militar.

A fugida do bispo não desanimou os *mascates*. Ganharam um elemento poderoso para sua causa com a concordância do nobre português D. Francisco de Sousa, que, além de levantar muita gente, arrastou, por simpatia ou negócio, considerados moradores do Cabo, entre eles Miguel Paes Barreto, Paulo de Amorim Salgado e José de Barros Pimentel.

Bafejada por essas favoráveis circunstâncias a guerra civil tomou novo incremento. Tamandaré e Cabo foram pelos *mascates*. Goiana dividiu-se por ambas as partes.

O exército dos *mascates* foi entregue a Dom Francisco de Sousa e João da Mota, que eles libertaram da prisão, aclamando-o governador provisório do Recife, porque Lourenço de Almeida, governador da Bahia, não deixava sair o famigerado Sebastião de Castro Caldas.

Uma forte coluna de índios portugueses e negros, sob o comando de Paes Barreto e Dom Sebastião Pinheiro Camarão, sobrinho do herói da guerra holandesa, foi mandada para Olinda, onde constava estar um exército levantado e pronto a marchar contra o Recife. Em caminho encontra-se com as forças do mestre de campo Cristóvão de Mendonça e derrota-a. O insucesso das armas rebeldes tornou-se duplamente triste; sobre a desconfiança que traria ao arrojado empreendimento dos pernambucanos veio o vexame imposto aos vencidos. O mestre de campo caiu prisioneiro e foi conduzido ao Recife amarrado de pés e mãos como um facínora; seus oficiais padeceram maus tratos de Paes Barreto, entre os quais o capitão dos tapuias do Limoeiro, o valoroso pardo Antônio Rodrigues, que sofreu o aviltamento de surras de chicote.

Entusiasmado com essa vitória, Camarão seguiu por diante,

fazendo ameaças, blasonando vinganças. O bispo, em Olinda, como o mais ameaçado de todos, pensou em excomungá-lo para quebrar-lhe o ânimo, mas nenhum resultado tirando desse alvitre, tratou de reunir os chefes para concertarem um plano de desforra.

O clero de Olinda acudiu ao chamamento do bispo e ofereceu um contingente de escravos; da Paraíba veio com quarenta homens o sargento-mor Matias Vidal de Negreiros e João do Rego Barros apresentou-se com mil soldados. Reunidas essas e outras forças partiu a coluna sob o comando de Rego Barros e Holanda Cavalcanti em direção ao Engenho Velho a dar combate à gente de Camarão que se havia entrincheirado na Lagoa da Garapu, e depois de uma difícil marcha pelo Boto, para escapar das ciladas na estrada de Sidreiros, enfrentou com o inimigo às 8 horas da manhã do dia 7 de setembro de 1711.

Ao ímpeto do ataque respondeu valorosamente a gente de Camarão. Os pernambucanos tinham bem viva a vergonha da última derrota e batiam-se com um denodo que, por vezes, fez vacilar a marcialidade do chefe caboclo.

A luta durou todo o dia, perdendo Camarão as primeiras linhas de suas trincheiras. Ao descer da noite quando a gente de Rego Barros ganhava terreno, um temporal desabou, inutilizando a pólvora. Fez-se uma trégua ansiosa, que a possibilidade da fuga do inimigo, favorecido pela escuridão, aumentava. E de fato; o exército de Camarão vadeou com risco a lagoa e, oculto pelas trevas, fugiu, deixando feridos, bagagens, armas e munições.

Um mês depois dessa estrondosa derrota chegava a Pernambuco o novo governador Félix José Machado de Mendonça Eça Castro e Vasconcelos, acompanhado do ouvidor José Marques Bacalhau e do juiz-de-fora Paulo de Carvalho.

A nobreza e povo pernambucanos recebeu-os com provas de visível satisfação, esperando que lhes fosse feita toda a justiça, mas bem cedo se desiludiram porque os representantes d'El-Rei foram atraídos pelos *mascates*. O governador recebeu valiosíssimo presente de ouro; o ouvidor e juiz lucraram dádivas avultadas. Pouco tempo depois Camarão, que andava errante pelos sertões, acossado pela nobreza e *pés rapados*, como chamavam aos soldados pernambucanos, pôde voltar ao Recife onde foi recebido com ovações. Enfeitaram e alcatifaram as ruas de flores; das janelas dos *mascates* pendiam custosos tapetes e colchas de damasco em sinal de regozijo público; quando ele passou, ao som de buzinas, tambores, cornetas e vivas, as mulheres atiravam-lhe água de Córdoba, confeitos e vinténs, delirando de entusiasmo.

Desafiavam por esse modo a nobreza, que, atônita, esperava o seu extermínio.

O ouvidor abriu devassas e fez *bandos*, que consistiam no pregão público das resoluções superiores. Para o interior partiu Camarão e entrou a fazer correrias, perseguindo os pernambucanos.

Os que ficaram no Recife e em Olinda sofreram implacável vingança. André Dias, homiziado no colégio dos jesuítas, esteve por mais de uma semana em apertado cerco, sendo finalmente preso. Cristóvão de Holanda Cavalcanti foi solto porque sua mulher D. Ana de Azeredo comprou a absolvição para ele por dezoito caixas de açúcar. D. Manoel Álvares seguiu desterrado para as bandas de S. Francisco, pagando com a convivência dos incultos, nas brenhas e recôncavos da colônia, a audácia de se haver declarado pelos nacionais. Bernardo Vieira de Melo e seu filho André, refugiados nos Palmares, apresentaram-se espontaneamente para a irresponsabilidade do generoso homem que lhes deu asilo. No sertão do Ceará Grande o capitão Cosme Bezerra e dois filhos, após luta renhida, foram presos e conduzidos algemados, em dia claro, pelas ruas da Goiana e Recife, debaixo de vaias e insultos. O capitão de ordenanças João de Barros Corrêa, João Tavares de Holanda, Lourenço da Silva, Manoel Cavalcanti Bezerra e muitos outros seguiram para Lisboa em 1713, sendo recolhidos aos calabouços do Limoeiro, onde morreram alguns e donde saíram outros para o degredo perpétuo na Índia.

Enquanto continuavam as perseguições o governador carregava navios com açúcar e madeiras preciosas e seus juízes, pela amizade com os *mascates*, e graças à justiça de *almoeda* exercida na capitania, acumulavam riqueza embora à custa do sofrimento brasileiro.

III
LEVANTE DE FILIPE DOS SANTOS
(Minas Gerais — 1720)

O ouvidor-geral de Ouro Preto, Dr. Martinho Vieira, era homem autoritário e vingativo. Se o governador, D. Pedro de Almeida e Portugal, conde de Assumar, não sabia ter branduras nem recuar exigências, o ouvidor não se mostrava menos propenso à persistência das imposições e à severidade das medidas.

Com esses vexames outros desgostos traziam o povo de Minas Gerais em constante sobressalto pela sorte de sua fazenda e pela segurança da sua vida.

A intranquilidade despertou nele rancores e ideias de rebeldia, cada vez mais crescentes.

A luta de 1708, travada por Paulistas e Emboabas, não se apagara da memória do povo, e se ela nasceu da rivalidade dos lavrantes, que para si procuravam os maiores privilégios e domínios, a sua origem andava mesclada com os despeitos nativistas, que timidamente se definiam. Por esse tempo a irritação popular recrudescia com a anunciada execução de uma nova ordem de quintar o ouro. A fazenda real, sentindo-se lesada pelo antigo sistema, que servia a essa medida, ordenou o estabelecimento de casas de fundição de ouro em diversos pontos da capitania, sendo o mineiro obrigado a reduzir à barra ou moeda todo o metal explorado, contra o uso de negociar-se com o ouro em pó, que escapava ao tributo. Assim, pelo novo foral régio, o mineiro deveria pagar um quinto da porção levada às fundições e ainda perder uns tantos por cento do seu metal, a título de purificado; outros tantos por cento a título de *alfinetes para a rainha*, contando também com os presentes de outros tantos por cento largados nas mãos dos incumbidos das fundições, a fim de apressá-los no serviço. Com todas as deduções não havia lavra que desse lucro!

Aproveitando-se dos desgostos causados por esse foral, alguns moradores de Ouro Preto, que também sofriam nos seus interesses, fizeram reuniões secretas, com assistência do mestre de campo Pascoal da Silva Guimarães, Dr. Mosqueira da Rosa e alguns frades beneditinos, e nelas ficou tratado um levante que deveria[3] servir de lição às exigências do reino.

Na véspera do dia de S. Pedro desse ano 1720, pelas 11 horas da noite, desceu das matas do Ouro Podre, fronteira à vila, um troço de mascarados, seguidos por negros com armas. Pelo silêncio profundo, que se estendia nesse quieto lugar, o sussurrar das ordens não foi ouvido; mas, bem depressa, pancadas soaram de porta em porta e de tal sorte vigorosas, acompanhadas de estranho[4] vozear de lábios humanos, que os moradores se acordaram amedrontados porque já o grupo engrossara com o aprazado despertar dos coniventes. Assim levantado mais numeroso grupo saiu logo aos gritos de *viva o povo! viva o povo!* a sitiar a casa do ouvidor Martinho Vieira, que não esperou a aproximação dos rebeldes para fugir, e apressadamente o fez, porque eles traziam muito furor para lhe perdoarem as maldades.

Varejada a habitação do ouvidor e quando a manhã clareava, correram os amotinados para a casa da Câmara onde um moço daquelas terras, até esse dia obscuro como qualquer *garimpeiro*, falou com palavras tão quentes e gestos altivos que, a todos impressionando, foi aclamado chefe dos rebeldes.

Era esse Filipe dos Santos.

Disse ele que conviria, sem tardança, mandar um emissário ao conde de Assumar para explicar-lhe os motivos do levante, e propor-lhe as condições em que deporiam as armas.

Faltava a D. Pedro de Almeida meio pronto de reagir e, por isso, metido na vila do Ribeirão do Carmo, recebeu com fingida atenção e espantosa cordialidade o emissário, a quem prometeu resolver a contento dos rebeldes.

Os insubordinados não esperaram, porém, que o conde realizasse a sua promessa e aos gritos de *viva o povo! viva o povo!* marcharam em direção ao Carmo, onde D. Pedro de Almeida

---

3. À margem, foi acrescentado à mão pelo autor "deveria" em lugar de "devia".
4. O autor riscou "desusado", substituindo o vocábulo por "estranho".

os esperou cercado por seus homens do regimento de dragões, e tendo feito a solenidade de os conduzir a palácio pelo Senado da Câmara e alguns religiosos do Rosário. De novo prometeu-lhes D. Pedro conceder o que pediam.

Mas, como o prometer do conde era mais fácil que o cumprir, as turbulências aumentaram, demonstrando que os intuitos dessa gente não se limitavam às medidas apresentadas.

E de fato, numa reunião decidiram derramar o motim por outras vilas para expulsar o conde e impedir que na capitania das Minas *entrassem outros governadores nem justiça posta por El-Rei*. Tinham já, para tanto, o apoio de Vila Rica; andavam emissários aliciando gente, e outros despertando adeptos. Também o conde de Assumar, em vez de cuidar das reformas que eles exigiam, cuidava de armar soldados para batê-los. Quando se viu forte mandou prender Filipe dos Santos e outros cabeças. Mais irritados ficaram os rebeldes que abriram em hostilidades, matando os que julgavam espiões, apedrejando as moradas dos que lhes não prestavam apoio, e convulsionando os povoados. Então o conde de Assumar levantou-se do Ribeirão do Carmo, à testa de um regimento de dragões e enorme contingente de pretos e aventureiros comandados pelo sargento-mor Manoel Gomes da Silva.

E, *viva El-Rei!* marchou sobre Vila Rica, onde os seus dragões, negros d'armas e assalariados entraram triunfantes, fazendo os corcéis escarvarem o solo com arrogâncias de hastes conquistadoras, e batendo a coronha dos mosquetes ou o canto das lanças nas lajes das soleiras em desafio aos habitantes. O conde de Assumar tinha em conta a altivez de seu ânimo quando podia se assegurar dos aços que abroquelavam a sua autoridade; carregou o senho e deu ordens.

A fúria desembestou ao seu mando. Romperam os guerreiros em correrias, dando largas à vingança, até o descer das trevas noturnas, que foram iluminadas pelas labaredas do fogo lançado às moradas e lavouras dos rebeldes.

No meio da fumaraça, entre o flamar crepitante do incêndio, os soldados faziam a pilhagem como um bando estonteado de demônios. As madeiras ringiam aos arremessos raivosos das chamas; esboroavam paredes num ruído de desmantelo de ruínas; bulcões de fumo bufavam para o ar escurecido em que pirilampejavam centelhas, revoavam fagulhas; numa gritaria bárbara, entrecruzavam-se a negraria desperta das fumas da mineração e os soldados do governo, arrastando os troféus do saque, que era partilhado em luta, por qual melhor pulso tivesse ou mais afiada a arma que o ligeiro braço manejasse.

Não bastaram o saque, o incêndio, o arcabuzamento. Filipe dos Santos teve de expiar na forca o crime de insubordinação. No dia 15 de julho de 1720 ele subiu os degraus do patíbulo; antes, porém, de entregar o corpo ao carrasco, disse sereno e altivo, com voz firme aos que vieram assistir o seu suplício: *Jurei morrer pela liberdade, cumpro a minha palavra!* e seu cadáver, esquartejado pelos carniceiros da justiça, foi arrastado em partes pela poeira dos caminhos, de povoação em povoação, espicaçado nas urzes, escoriado nos seixos, esfrangalhado, dilacerado nas arestas pedregulhosas das serras, regando com o seu generoso sangue de protomártir da Liberdade a terra das Minas, onde o ouro poderoso dorme no âmago das rochas e a nobre ideia da autonomia, que é a força consciente do poder, palpita nos átomos dos espaços, revigorando e iluminando a alma de seus filhos.

IV
INCONFIDÊNCIA MINEIRA
(Minas Gerais — 1789-1792)

A *Declaração* do Congresso das Colônias Unidas d'América do Norte, firmada em 4 de julho de 1776, despertou em alguns brasileiros, que estudavam nas Academias da Europa, a ideia da independência da sua pátria.

Em Coimbra, doze estudantes organizaram um clube para, secretamente, tratar dos meios propícios à realização desta ideia, e em Montpellier três outros brasileiros, os fluminenses José Mariano Leal, José Joaquim da Maia e o mineiro Domingos Vidal Barbosa, combinavam projetos visando igual fim.

José Joaquim da Maia depois de escrever ao norte-americano Tomas Jefferson, ministro plenipotenciário em França, teve com ele uma entrevista em Nîmes para obter o apoio de sua nação em favor da projetada independência brasileira, mas, a posição oficial de Jefferson e os interesses internacionais do seu país não desvendaram promessas ao moço estudante. Pouco tempo depois, quando ele pretendia voltar à pátria, talvez sonhando com a glória de uma bem-sucedida agitação emancipadora, a morte cortou-lhe as aspirações em Lisboa.

A emancipação da vasta colônia americana da Grã-Bretanha, o valor do pequeno exército seminu de Washington sitiando a força inglesa em Boston, o patriotismo dos congressistas de 1776, eram obrigado assunto em todas as palestras, e na rica capitania das Minas Gerais tornou-se entusiástico tema de conversa por horas remansosas do dia ou nas visitas noturnas, por entre o discretear dos *letrados*.

As primeiras e tímidas conjecturas de igual destino ao Brasil, incendiaram a imaginação de Joaquim José da Silva Xavier, ex-alferes da cavalaria de Minas, conhecido em Vila Rica pela alcunha de *Tiradentes*, por ter grande habilidade no manejo do boticão e no preparo de dentaduras artificiais. Vivendo vida nômade e mal-aventurada, ora de mascate, ora de contratador de mineração, corria terras e por onde passava ia exaltando as vantagens do governo adotado pelos Estados Unidos, criando para si a correntia reputação de *louco*, tal o desembaraço e entusiasmo com que expunha as suas ideias.

Os ardentes discursos de Tiradentes levaram alguns medrosos à convicção de que se tramava contra o domínio da Metrópole. Não faltou quem fosse dar disso aviso ao governador, mas o incrédulo Luís da Cunha Menezes ergueu os ombros e murmurou o quer que fosse de indiferente às *loucuras* do propagandista.

Em uma das suas viagens ao Rio de Janeiro, feita com o propósito de entregar em mãos do vice-rei um requerimento sobre empresa de trapiches e canalização d'água para o abastecimento da vice-corte, aconteceu-lhe encontrar o seu conterrâneo José Alves Maciel, recém-chegado da Europa onde tinha estudado. Bem depressa os dois entraram em camaradagem e Alves Maciel, que havia pertencido ao *Clube dos Doze*, atendendo ao ânimo desse homem cujo rosto tostado aos mormaços das jornadas, de grandes barbas proféticas, se iluminava de esperanças que sua inteligente loquacidade mais acalorava, cuja hercúlea estatura lhe dava uma expressão de resoluto e capaz, explanou um projeto revolucionário de acordo com as ideias que ele apresentava sobre a oportunidade de aproveitar-se da cobrança do quinto de ouro, que estava atrasada e que a corte de Lisboa, mandaria fazer em *derrama* para impedir protelações e evasivas.

Tiradentes impressionou-se com as claras considerações de Alves Maciel. Partindo para Minas continuou com mais ardor a propaganda, indo procurar logo o tenente-coronel Francisco de Paula Freire de Andrade, comandante da tropa regular da capitania, muito considerado pelos estreitos laços de família com o ex-governador do Rio, conde de Bobadella.

Francisco de Paula ouviu com entusiasmo a exposição de Tiradentes e, após longa conferência, protestou todo o auxílio ao progredimento da ideia. Em sua casa começaram as reuniões conspiradoras a que assistiam Inácio José de Alvarenga, o poeta, coronel do 1º regimento auxiliar do Rio Verde; Domingos Alves Vieira, tenente-coronel da cavalaria auxiliar de Minas Novas; padres José da Silva Oliveira Rolim, Carlos Corrêa de Toledo e Luís Vieira da Silva.

A agitação desenvolveu-se na capitania e a chegada do visconde de Barbacena, seu novo governador, em vez de provocar retraimentos, fomentou os conventículos. Já se distendiam por toda a parte os meândricos fios da conjuração e difícil seria encontrar quem lhes não sentisse a envoltura.

Minas, a vasta capitania que sustentara, obediente e laboriosa, o fausto religioso de Dom João V; Minas, que mais que outra terra da imensa colônia portuguesa, vira suas agrestes serras mudadas em povoados, seus alcantis devassados e suas rochas esburacadas pelos bandos aventureiros, suas vilas desvairadas na ostentação do ouro e na prática dos vícios transplantados pela invasão dos ambiciosos, mas toda entregue ao alarido do trabalho, fizera-se misteriosa e suspeita, dominada pelos projetos rebelionários e conluios do levante.

Os mais eminentes, os mais afortunados homens que aí viviam eram envolvidos na urdidura conjuratória. A rebeldia esgueirava-se pelas declivosas ruas da Vila Rica, semelhante a sombra[5] de crime, fugindo à mortiça claridade das habitações abertas, onde ardiam velas de carnaubeira ou o algodão retorcido das candeias de ferro; e à sombra dos casarões ricos segredava palavras cabalísticas, trocava promessas e juramentos[6]. Até à porta da casa do ouvidor Tomás Antônio Gonzaga, ela esquadrinhava cautelosa; e ele, alheio aos cicios dos planos, aos olhares esguelhentos da cumplicidade, traçando na aspereza do papel as rimas das suas canções bucólicas que a imagem de D. Maria Doroteia de Seixas, sua noiva bem-amada, clareava com a pureza de seus amores, não percebia que a fantástica e prevenida aranha da rebelião ia nevoando com a tecedura perigosa da sua trama a branca visão de *Marília*, de que sua mente tão cheia estava!

5. O autor substitui "como um vulto", por "semelhante a sombra", em anotação manuscrita à margem.
6. Em anotações manuscritas à margem, o autor substitui o trecho "candeias de ferro. À sombra dos casarões ricos segredavam palavras cabalísticas; trocavam promessas e juramentos" por "candeias de ferro; e à sombra dos casarões ricos segredava palavras cabalísticas, trocava promessas e juramentos".

Nesse tempo, Tiradentes, com um vulto desgrenhado de lenda, passava *blasfemando* contra a Metrópole. O eco da sua voz estalava nas colinas, pela extensão das estradas, na poeira luminosa dos dias, na pulverulência prateada dos luares. Caíam-lhe nas espáduas robustas os anéis da farta cabeleira grisalha; na cava das órbitas as pupilas luziam cheias de sonhos e de esperanças. Mais que nunca sua palavra ardia — passara dos projetos para a concitação:

"É nosso este país, é nosso este solo! Os vis que rabeem, os covardes que se quedem! Nós iremos levantar os fortes e sairemos a restaurar a terra!" — E os fracos que o escutavam, pálidos, levavam as mãos aos ouvidos, fixavam aterrorizados o silêncio dos recantos, a quietude estarracada das rochas sobre a grandeza bravia das matas até a muralha longínqua do Itacolomi. Mas, no íntimo de todos, ficavam as brasas dessas palavras, ardendo como as apóstrofes de Iokanaan, o João Batista do catolicismo, quando, na furna úmida de Machaerus, a espada carranca de Antipas esgazeava os olhos para as trevas da sua caverna, onde ele ululava contra a devassidão da Galileia dominada.

E esse ignorante, escoriado pelas infelicidades, iluminado por uma centelha de ideal, fazia-se a alma da *conjuração*, o grande agitador da Independência, arrastando no seu entusiasmo doutos e tímidos, sacudidos de chofre em seus pensamentos de patriotas. Era ele quem avisava das reuniões secretas, quem animava os irresolutos, e saía a buscar pelos sertões novos recursos para a causa da liberdade. Se, ao passar pela casa de Baltazar Mayrink, divisava Gonzaga bordando o vestido nupcial de Doroteia, a cólera, vinha-lhe aos lábios, bramava contra os que não sabiam ser homens. Se encontrava Domingos de Abreu segredando com Inácio de Alvarenga partia a cantar vitória. A paixão desvairava-o, e sem escrúpulos, proclamava os nomes dos que se comprometiam. Eram os de José de Rezende Costa, pai e filho, Domingos Vidal Barbosa, Luís Vaz de Toledo Piza, Salvador Gurgel do Amaral...

Todos esses tinham participação na rebeldia, prestaram o juramento sagrado da Inconfidência.

Cláudio Manoel da Costa, o respeitabilíssimo jurisconsulto de Vila Rica, considerado homem de letras e culto espírito preparado no velho continente, prestou o seu valioso concurso à causa republicana. Falava-se também em outros nomes, entre eles o de Gonzaga, talvez para inspirar confiança no movimento.

Combinaram dar começo ao levante no dia em que se anunciasse a derrama. Aproveitando-se da noite um grupo de homens sairia à rua, a gritar — Viva a liberdade! — "a cujas vozes acudiria o povo que se achava contrariado, e o tenente-coronel Francisco de Paula formaria a tropa, fingindo querer rebater o motim, manejando-a com arte e dissimulação, enquanto da Cachoeira, onde assistia o governador geral, não chegasse Tiradentes trazendo a sua cabeça, que deveria ser-lhe cortada." A esta deliberação opuseram-se alguns e com bons argumentos opinaram pela sua prisão e condução para fora dos limites da capitania.

Iniciada a revolução por esta forma, um *bando* proclamaria nas terras mineiras a adoção do governo republicano, cujas leis ficariam ao cuidado de uma escolhida junta provisória. Trataria incontinente de mudar a capital para São João del-Rei, estabelecendo-se uma universidade em Vila Rica; proclamar-se-ia a liberdade de mineração, fundar-se-iam fábricas de tecelagem e outras manufaturas de que era grande entendedor José Alves Maciel por tê-las estudado na Inglaterra. Por proposta de Cláudio Manoel aceitou-se a abolição dos escravos para a formação do exército de defesa e o projeto de uma bandeira, que Tiradentes ideara com três triângulos simbolizando os mistérios da Santíssima Trindade, de que ele era devoto[7], mas que Cláudio Manoel da Costa modificou, substituindo os triângulos por um gênio quebrando as cadeias do servilismo com a inscrição — *Libertas quae sera tamen*, (Liberdade ainda que tardia) em fundo azul e branco.

O lançamento da derrama, porém, não se fazia. Tomás Gonzaga convenceu o intendente de Vila Rica, Dr. Francisco

---

7. O sr. Mario Bhering supõe, aliás com visos de boa interpretação, que os triângulos eram concepções simbólicas da Maçonaria, da qual Tiradentes fora *irmão*. (N. do A. — manuscrita).

Gregório Pires Bandeira, de que o pagamento do quinto seria motivo para graves perturbações, e o visconde de Barbacena recebia do coronel Joaquim Silvério dos Reis delação do levante, que estava preparado para o dia da execução da ordem régia.

Não suspeitaram os *inconfidentes* da causa da estranhável demora, talvez atribuindo-a aos fundados receios do governo em praticar tão vexatória medida, mas não se dissuadiram também dos seus intentos. Falhando essa causa, era opinião dos padres Oliveira Lopes e Corrêa de Toledo — as cousas estavam encaminhadas de tal maneira que ou se faria a revolução, ou eles cairiam em mão da *justiça* do governador.

Tiradentes veio para o Rio de Janeiro concertar a oportunidade que deveria ser anunciada pela nova — *em tal dia é o batizado* — e em caminho ajuntou-se-lhe Joaquim Silvério que vinha a mandado do visconde de Barbacena, também informado pelo mestre de campo Inácio Pamplona e outros, dar parte detalhada a Luís de Vasconcelos do conluio entre mineiros e fluminenses para a realização do *nefando crime*. Ignorando as disposições do coronel português, Tiradentes deu-lhe esclarecimentos das últimas deliberações, como em hospedarias de Varginha e Cebolas falava claro e desassombradamente da missão a que vinha.

Apenas chegado à cidade de S. Sebastião, teve entrevistas com diversos habitantes; infelizmente, porém, com o conhecimento dos espiões do vice-rei, que o não perdiam de vista. As simpatias que ele conseguira na vice-corte procuraram salvá-lo da pista dos malsins, mas tarde se manifestou o generoso intento.

No dia 10 de maio de 1789 era ele preso em uma casa da rua dos Latoeiros, morada de Domingos Fernandes, onde se ocultara por três dias, aguardando que seus bons amigos prontificassem as cautelas com que o levariam a salvo para o momento da fuga.

Com rapidez essa notícia chegou à capitania de Minas. Sem perder tempo o visconde de Barbacena mandava prender os apontados cabeças e todos que lhe pareciam suspeitos, principiando com igual presteza a devassa sobre a conjuração. O terror espalhou-se depressa. Agora o entusiasmo mudava-se em fraqueza. Comprometidos e chefes recriminavam-se no desespero de salvamento. Cláudio Manoel da Costa, vencido pelo insucesso da rebelião quanto pelo terror das humilhações, procura no suicídio a saída honrosa desse desastre. Ao amanhecer do dia 1º. de julho de 1789, encontram-no estrangulado por atilho preso a uma almanjarra que existia no cárcere.

No Rio, retirado de quando em quando das masmorras da Ilha das Cobras, Tiradentes respondia aos interrogatórios sem negar as acusações. Acareado com os comprometidos que em sua companhia foram presos, a sua palavra firme, a sua larga voz de provinciano convicto, caíam nos ouvidos dos formadores da culpa desresponsabilizando os companheiros, humildes e angustiados diante das terríveis apreensões que seus espíritos criavam.

Era necessária a presença de outros réus para a regularidade do processo, e eles vieram de Minas, sob a guarda do major José Botelho de Lacerda, comandante do esquadrão de cavalaria do Rio. A jornada tornou-se lenta porque os réus vinham algemados sobre cavalos que sujos tropeiros puxavam, e os calores do verão começavam rigorosos. Nos ranchos que não eram abertos o major José Botelho, condoído da sorte de tantos e tão distintos homens, retirava-lhes as algemas para no dia seguinte lhas colocar em seguimento da jornada.

Com a chegada dos recriminados continuaram as devassas. O conde de Rezende, que viera substituir Luís de Vasconcelos, queria dar minuciosa conta do crime, e o seu temperamento rancoroso e taciturno não atendia ao sofrimento desses homens atirados por longos meses nos calabouços da Ilha das Cobras e depois nos segredos da Cadeia (onde ainda hoje funciona a Câmara dos Deputados), acorrentados como bandidos, inquiridos ardilosamente por juízes prevenidos, e sujeitos ao julgamento de uma junta de três ministros, enviada de Lisboa em 1790.

E o processo seguia vagaroso e rebuscador, aumentando o padecimento dos réus!

A única voz que não tremeu, a única face que o medo não manchou, foram as de Tiradentes. Ele só era o culpado. Que a pena infamante recaísse sobre sua cabeça! E nunca de seus lábios saiu palavra que fizesse agonizar seus companheiros. Aos olhos desses míseros amedrontados aquela figura de herói, bastante robusta para suportar a criminalidade do *acórdão*, deveria iluminar-se gloriosamente, deslumbrando pela grandeza de sua alma, desumanizado pela idealização dos seus sonhos.

Gonzaga que se agarrava sôfrego, num transe desesperado, às minudências de seu viver em Vila Rica, pastor Dirceu dos alvos rebanhos de sua Marília por quem passava vigílias, meditando na métrica dos versos sonorosos e que apelava para sua naturalidade portuguesa com o propósito de repelir qualquer participação no levante, cravava os olhos nostálgicos e lacrimejantes nessa mão de forte quando ela, num gesto indicativo acompanhava a negação — Este, não! Este não era dos meus, que meu inimigo sempre foi!

Inácio de Alvarenga, soldado e poeta, que compusera um soneto suplicante, invocando a *magnanimidade da excelsa rainha*, reanimava-se ao ouvir a clareza da voz mineira do louco Xavier, porque ela o não acusava. E todos, servos cabisbaixos do terror, ansiando nas dúvidas do que viria, todos, eram inocentados por esse extraordinário ser, homem rude das montanhas, que falava com a eloquência dos predestinados, sob as abóbadas retumbantes do cárcere.

A *clemência* da rainha D. Maria I lançou um tributo de crueldade sobre os conjurados. Após três anos de processo, metidos na tenebrosidade das enxovias, carregados de brutos grilhões, foram onze condenados à morte em forca pública, com infâmia sobre seus descendentes, e os demais ao degredo perpétuo na terra adusta de África.

Nessa noite de 19 de abril de 1792 passaram os réus para o oratório da cadeia, onde tiveram entrada onze frades franciscanos para confortá-los.

A leitura da sentença, a recusa de um embargo, desalentaram as vítimas. Vidal Barbosa e Inácio de Alvarenga davam mostras de demência; o primeiro ria-se, dizendo incoerências; o soldado-poeta recriminava sua esposa por lhe ter impedido de revoltar-se na ocasião do fracasso, e misturava suas cóleras com as ternuras com que se lembrava de sua filha; os dois Rezendes abraçados, apesar das algemas, confundiam seus soluços;

Domingos de Abreu, curvado por setenta anos de idade e pela crueza dos algozes, mal respirava apoiado ao peito de um fiel escravo que o acompanhara; Maciel rezava compungidamente; Francisco de Paula caíra, num colapso como se houvera perdido a noção da vida real; outros companheiros meditavam acabrunhados; só o Tiradentes era impassível, a fisionomia aclarada, o ouvido atento às exortações que o religioso lhe fazia.

Por fim a resignação triunfou.

Então o guardião do convento de Santo Antônio celebrou o edificante, incruento sacrifício da missa, em meio do mais profundo silêncio; após, com mansidão de gestos e palavras piedosas, dirigiu-se a cada um dos sentenciados e deu-lhe o pão eucarístico.

Na manhã do dia 20, depois da saudação angélica do meio-dia, entraram no oratório o desembargador, o escrivão e o deputado que fizeram a leitura da carta régia, pela qual D. Maria I, retificando a sentença da Relação do Rio de Janeiro, comutava a pena de morte em a de degredo perpétuo na África aos dez sentenciados e confirmava a imposta ao réu Tiradentes. Tinham preparado, por esta forma, uma encenação de terror.

A notícia desta comutação chegou ao conhecimento da imensa turba popular que se apinhava nas proximidades da cadeia, e logo ela versátil e ingênua, prorrompeu em *vivas à rainha*, que ecoaram na prisão onde os perdoados, dominados pela alegria, felicitavam-se mutuamente, sem uma palavra de piedade ou confortalecimento para o maior de todos os que pensaram numa pátria livre, porque foi o único que não renegou seu grandioso ideal.

Aos primeiros clarões matutinos de 21 de abril, acordaram-no do sereno sono em que tinha passado a derradeira noite de sua vida. Estava calmo. Volveu os olhos para o religioso e pediu o crucifixo com que rezou por longos minutos, e, tendo-se aproximado o carrasco, disse-lhe placidamente:

"Ó meu amigo! Deixe-me beijar-lhe as mãos e os pés."

Depois vestiu a alva ignominiosa e esperou, resignadamente a hora do martírio.

Os representantes da justiça encontraram-no neste sossego

de justo, quando vieram lhe notificar a sentença. Ele ouviu-a, com imperturbável coragem:

"Justiça que a rainha Nossa Senhora manda fazer a este infame réu Joaquim José da Silva Xavier, pelo horroroso crime de rebelião e alta traição, de que se constituiu chefe e cabeça na capitania de Minas Gerais, com a mais escandalosa temeridade contra a real soberania e suprema autoridade da mesma senhora, que Deus guarde."

"Manda que, com baraço e pregão, seja levado pelas ruas públicas desta cidade ao lugar da forca e nela morra morte natural para sempre, e que, separada a cabeça do corpo seja levada à Vila Rica, aonde será conservada em poste alto, junto ao lugar de sua habitação até que o tempo a consuma; que seu corpo seja dividido em quartos e pregados em iguais partes pela estrada de Minas, nos lugares mais públicos, e principalmente no da Varginha e Cebolas; que a casa de sua habitação seja arrasada e salgada e ao meio de suas ruínas levantado um padrão em que se conserve para a posteridade a memória de tão abominável réu e delito, e que ficando infame para seus filhos e netos lhe sejam confiscados seus bens para a coroa e câmara real."

Eram onze horas de um dia primaveral, brilhante de sol e de um azul intenso, quando os tambores rufaram anunciando o saimento do supliciado.

A população movera-se curiosa. Nas ruas da Cadeia, do Piolho e no vasto campo da Lampadosa, que ocupava a área hoje compreendida entre a Praça Tiradentes e a da República, as janelas de todos os prédios regurgitavam de espectadores, em cujos semblantes o desejo de ver o condenado não desfigurava os traços da compaixão que esse suplício lhes despertava. Dificilmente os soldados conservavam a liberdade do trânsito porque a aglomeração crescia com a demora do préstito. Por fim, os sinos dos *Carmelitas* dobraram plangentes, badalando agonias. Os ecos rolaram no ar, tristemente; fez-se um silêncio angustioso. Ao fundo da estreita rua da Cadeia surgiu o aprumado tronco do juiz-de-fora montando insofrido cavalo... A multidão apertou-se, fazendo alas. Soaram matracas. E a marcha começou numa lentidão processional. À frente vinha arvorado o pendão do Senado da

Câmara, vinham os ouvidores em suas togas, o clero com o pálio aberto, as irmandades com seus guiões e distintivos... Depois passaram as oparlandas escuras dos franciscanos, os hábitos negros dos beneditinos, os buréis cor de barro dos carmelitas. Esmoleres estendiam sacolas ao povo, para missas por alma do supliciado... e as sacolas pesavam, repletas de óbolos, cheias de dobras de ouro. Populares acompanhavam a passo o fúnebre desfilar do préstito. Após um enxame de ciganos maltrapilhos, apareceu a alta figura da vítima, em alva, custodiada por baionetas. Caminhava firme, olhos postos no crucifixo que trazia nas mãos algemadas; seus lábios, por vezes, tremiam no fervor das orações; de seu pescoço pendia o baraço infamante cuja extremidade o carrasco negro segurava; dois frades de Santo Antônio ladeavam-no. A espaços as matracas batiam e, de quando por quando, o préstito parava, um meirinho lia com voz rouquenha a sentença; mas, tambores rufavam e a marcha continuava lenta, seguida de povo, num sussurro arrastado de passos.

Em algumas janelas mulheres persignavam-se, de outras caíam moedas para as missas. À passagem do pálio a multidão dobrava os joelhos; um gemido chorava no ar: era o *Bendito* que os genuflexos entoavam. O mártir, alçando o olhar para a Capela da Lampadosa, manifestou o desejo de orar diante de seus altares. Consentiram-no. Depois, retomou ao caminho. A procissão seguiu-o.

E assim, de baraço e pregão, Tiradentes chegou à forca levantada nas circunvizinhanças da chácara de Diogo Dias Paes Leme, nesse vastíssimo campo da Lampadosa, todo coberto da verdura vicejante do seu abandono, alagado de pântanos donde emergiam aves aquáticas, espalmando asas multicores, em guinchos de surpresa.

Quando o carrasco passou o laço ao poste, o herói da Inconfidência quis falar à multidão, mas a corda o estrangulou ao peso do algoz; por momentos os estrebuchos sacudiram seu corpo... e, no espaço, à vista do povo, ficou oscilando lentíssimo o cadáver desse grande brasileiro que a História glorificou por toda a eternidade.

A traição de Joaquim Silvério dos Reis foi generosamente paga pela corte de Lisboa.

Enviado pelo conde de Rezende ao reino de Portugal para receber pessoalmente o pagamento da *sua fidelidade de vassalo português*, como primeiro denunciante da conjuração mineira, por decreto de 4 de outubro de 1794 obteve a mercê do hábito de Cristo e 200$000 de tença, pagos efetivamente; por decreto de 13 do mesmo mês foram-lhe entregues todos os seus bens que se achavam apreendidos pela Real Fazenda por alcance de 167:553$770; assim como levantado foi o sequestro feito aos seus fiadores; por decreto de 20 de dezembro do mesmo ano foi nomeado fidalgo da Real Casa com foro e moradia, passando a assinar-se Joaquim Silvério dos Reis Montenegro, e obteve a mercê da Tesouraria-Mor da Bula de Minas, de Goiases e Rio de Janeiro.

A recompensa material foi grande, mas, enquanto um sagrado pano auriverde marcar ao mundo a terra brasileira, a sua memória será execrada e de nenhum lábio jamais sairá frase de piedade para a eterna infâmia de seu nome.

V
REVOLUÇÃO DE 1817
(Pernambuco)

A crescente prosperidade dos Estados Unidos do Norte e os felizes movimentos separatistas das colônias espanholas, na península sul-americana, após a claridade espalhada por todo o mundo civilizado pela estrondosa revolução francesa, chegaram à grande colônia de Portugal n'América como o amanhecer bonançoso de um dia prometedor, depois de longa noite de trevas e angústias.

A tentativa revolucionária de Minas Gerais pela qual o generoso *Tiradentes* pagou no patíbulo o seu amor pátrio, fora o mais acentuado sinal do acordar de um povo que viera crescendo, preso à tutela da Metrópole, entre provações e misérias. O sangue jorrado do esquartejamento do mártir da *Inconfidência* fecundou a terra sagrada do Brasil, já fertilizado pelo sangue de outros mártires, levando seiva e dando alento às raízes da Liberdade que começara a estender seus ramos ao sol para abrir a fronde protetora e verdejante.

Em 1800 Pernambuco condensou num quimérico projeto de república, sob o protetorado da França, a sua emancipação política, sendo presos, por esse motivo, os irmãos Suassunas. Não teve o governo da Metrópole necessidade de armar a forca e preparar o baraço infamante, como fizera em 21 de abril de 1792, porque o projeto não ia além dos sonhos daqueles dois irmãos, ricos proprietários de terras e engenhos. Contentou-se em prendê-los, mandando mais tarde restituir-lhes a liberdade.

A pressão que o governo português exercia sobre o Brasil, sobretudo a sua interferência direta na vida íntima do povo, aumentavam os desejos de emancipação, separando os dois povos por largo traço de antipatias já explodidas na guerra dos *mascates*. Duas classes mais diretamente recebiam os impulsos desse surdo rancor, talvez porque mais prejudicadas se sentissem com a concorrência portuguesa; eram os militares e os eclesiásticos. Na segunda havia homens de notável instrução, salientando-se no magistério, nos estudos filosóficos e matemáticos e na tribuna sagrada. Era desses o reverendo padre João Ribeiro Pessoa, alma de uma candura imaculada, toda votada ao bem, e de cujo saber, pelo apurado comércio com os bons autores, emanava uma fonte perene de acertados conselhos e cariciosos consolos.

No espírito do padre João Ribeiro crescia uma única ambição e, essa, tão santificada pelos seus intuitos que mais era uma apreciável qualidade que gérmen de desvairada paixão. Conseguir a liberdade de sua pátria, fazê-la grande e poderosa, tal foi o seu ideal.

Fácil tornou-se o trabalho de propagá-lo a quem tão insinuante, mansa e convictamente falava, e ouvido sempre foi com atenção e respeito. Já por esse tempo a ideia emancipadora fervilhava nos quartéis pondo desmedido calor nos peitos brasileiros. Concorriam muito para essa divulgação as cinco lojas maçônicas existentes em Pernambuco, ligadas com as da colônia e as do velho mundo, prestando-se mutuamente decidido apoio.

Em 1816 o sentimento separatista tinha ganho todas as camadas sociais, o vento da revolução agitava todos os espíritos, do palácio do rico à cabana do pobre, do mais recôndito sertão à vida afanosa da capital.

As tímidas manifestações dos patriotas cederam às entusiásticas e francas discussões; dizia-se claramente o que era preciso dizer e o que era preciso calar; a ideia não revestia formas discretas, desnudava-se com aparato; nos banquetes eram banidos *o pão e o vinho de Portugal* e substituídos pela mandioca e aguardente indígenas, e as conferências secretas saíam da sombra das conjurações para a luz da notoriedade. Esse estado de cousas reclamava uma providência enérgica do capitão-general Caetano Pinto Montenegro, homem frouxo nas suas deliberações e de natural receoso para fazer reação, posto que, na sua qualidade de capitão-general, tivesse amplos poderes para agir como entendesse e quisesse. Por diversas vezes chegaram aos seus ouvidos avisos e denúncias, por último mais frequentes, até que, em uma festa de Nossa Senhora da Estança, festa celebrada todos os anos em comemoração da derrota dos holandeses naquele lugar, um preto, oficial do regimento dos *Henriques*, esquecendo-se do perigo a que se expunha e com uma ousadia extraordinária àquela época, esbordoou um português que injuriava o Brasil. A audácia do oficial preto foi a confirmação de tudo quanto lhe traziam os noveleiros e ciosos da prepotência metropolitana. Não se satisfizeram os portugueses com a censura mandada fazer por Caetano Pinto, prometendo castigo aos autores das desavenças; quiseram maior energia e pronta repressão. E por uma denúncia dada pelo juiz Cruz Ferreira, reuniu-se o conselho militar que tomou a deliberação de efetuar a prisão dos implicados nas agitações então já conhecidas.

Menos fácil foi a prisão dos militares, pois, no dia 6 de março de 1817, o brigadeiro português Manoel Joaquim Barbosa, homem de temperamento violento, entra arrogantemente no quartel de artilheria, ordena tocar formatura geral em armas, e dá voz de prisão a dois oficiais brasileiros, José de Barros Lima, chamado o *Leão Coroado*, e José Mariano de Albuquerque Cavalcanti. Os dois saíram de seus postos; inesperadamente, desembainhando as espadas, acometem o brigadeiro, conseguindo o primeiro cravar-lhe a arma no peito e estendê-lo morto. Esta cena de sangue e indisciplina causou confusão no quartel. Ao ímpeto dos ousados oficiais não houve quem se mexesse, o arremesso fora tão inesperado que a todos paralisou; mas, quando o brigadeiro caiu, estrebuchante e ensanguentado, o terror dos oficiais portugueses levou-os a uma fuga vergonhosa. Os soldados de linha, todos nacionais, puseram-se ao lado dos rebeldes, e logo as igrejas tocaram a rebate e as cornetas soaram o sinal de alarma. A cidade agita-se. Os patriotas correm às armas, a gente do governo apresenta-se em palácio. Um ajudante de ordens do capitão-general, tenente-coronel português, foi mandado a dominar o levante no quartel de artilheria, mas ao chegar ali é recebido com voz de fogo pelo capitão brasileiro Silva Pedroso e, como o brigadeiro, cai banhado em sangue.

Dado o sinal, que as cornetas repetiam e os sinos badalavam, o marechal português José Roberto reúne no campo do Erário grande contingente de milicianos, aguardando munições que estavam na fortaleza do Brum; mas Domingos Teotônio, já livre da sua prisão, parte com um grupo de soldados por trás do muro do convento de S. Francisco a cercar o marechal, enquanto Silva Pedroso com populares, entre os quais se achava Domingos Martins agitando uma bandeira branca e dando vivas à liberdade, corta a retirada da força miliciana. Cercado por dois lados, sem munições para resistir, o marechal entrega-se aos revolucionários, pedindo-lhes que o conduzam à fortaleza do Brum, onde se achava o governador e sua família. Esse pedido foi atendido, seguindo o marechal para seu destino sem que sofresse o menor desacato.

Em alguns pontos da cidade os portugueses procuraram reagir. No arco da Conceição formaram uma barricada que o tenente Antônio Henriques fez voar à metralha. Em Boa Vista o capitão português Madeira intenta opor-se a excitamento do tenente Francisco Antônio de Sá Barreto e é morto.

O primeiro cuidado dos patriotas é o de reunir um conselho e dar seguimento à revolução. Uma junta provisória composta do padre Miguel Joaquim de Almeida e Castro, mais conhecido pela alcunha de padre *Miguelinho*, João Ribeiro Pessoa, Jacome Bezerra, Filipe Nery Ferreira e Antônio Gonçalves Cruz, decide o ataque à fortaleza do Brum, enviando uma expedição à Olinda para impedir socorros aos sitiados. Para esse fim organizou-se uma pequena força de 30 homens comandada por José Mariano e Amaro Francisco de Moraes que não encontraram a guarnição, porque essa viera à toda a pressa chamada ao Brum; a cidade estava fechada, dominada pelo terror que a saída intempestiva da guarnição e as notícias do Recife aumentavam. O comandante da força expedicionária mandou tocar a rebate; mas, inutilmente, porque ninguém teve ânimo de vir à rua; e, se não fosse a adesão humilde do deão da catedral, a cidade de Olinda seria uma cidade vencida pelo medo dos seus habitantes, sepultados em suas casas como se elas tivessem o direito da inviolabilidade numa época de revolução!

Nesse tempo Caetano Pinto recebia das mãos do advogado José Luís de Mendonça, no dia 7 de abril, a notificação de sua retirada da província. O capitão-general atendeu ao parlamentário como se estivesse indefenso, quando a fortaleza era a melhor artilhada, tinha uma boa guarnição aumentada com o reforço de Olinda, e servia de depósito da pólvora. Com ele estavam os generais portugueses Manoel José Roberto Pereira da Silva, Gonçalo Marinho de Castro, Luís Antônio Salazar Moscoso e José Peres Campelo; os três primeiros preferiram ficar prisioneiros a ser conduzidos para a Corte como pedia Caetano Pinto, o último obteve licença para embarcar-se num navio destinado a Portugal.

A generosidade da junta revolucionária chegou ao excesso de atenções mandando fretar um navio tripulado por gente de sua confiança, para conduzir Caetano Pinto e sua família ao porto do Rio de Janeiro. Essa embarcação chegou à entrada da baía fluminense, depois de uma feliz viagem; mas, por imprudência e entusiasmo de seu comandante, moço republicano em quem a junta confiava por suas nobres qualidades, ao se aproximar de Santa Cruz hasteou no mastro da mezena a bandeira branca da revolução. A fortaleza desconheceu a bandeira e como o barco tentasse entrar fez-lhe fogo, obrigando-o a parar sob suas baterias. Conhecendo da sua procedência e do motivo por que arvorara essa bandeira, foi aprisionado, seguindo todos os seus tripulantes e passageiros para os calabouços da ilha das Cobras, onde a Corte, irritada com o procedimento de Caetano Pinto, deixou-o com seus filhos sofrendo a humilhação de um preso vulgar.

Sem os costumários excessos que as revoluções trazem, porque houve energia dos chefes para reprimir os primeiros abusos e sintomas anárquicos que os sentenciados libertos das cadeias começaram a praticar; organizou-se um governo provisório, cujos membros diretores desistiram nobremente de qualquer ordenado que lhes competisse e dirigiram um apelo de adesão aos mais distintos cidadãos de terras pernambucanas. O mesmo diretório escolheu um conselho do qual também fizeram parte Antônio de Morais e Silva (o autor do célebre dicionário da língua portuguesa), ouvidor Antônio Carlos Ribeiro de Andrada (irmão do patriarca da Independência, José Bonifácio), o deão de Olinda Bernardo Ferreira Portugal e o proprietário português Pereira Caldas. Formados os corpos executivo e consultivo, o 1º secretário, padre *Miguelinho*, lançou ao povo uma proclamação redigida em frases entusiásticas mas criteriosas, alheiadas de pequeninas paixões políticas e dignas de um governo que precisava de provar às capitanias vizinhas os intuitos progressistas, pacificadores e incomparáveis da nova forma adotada. Foi pois francamente autonomista e republicano o movimento de 1817. Os soldados, assim que conheceram da capitulação da fortaleza do Brum, arrancaram das barretinas as armas reais e os oficiais agraciados com ordens militares desfizeram-se de suas insígnias.

A decisiva adoção da forma republicana, tomada pelos cabeças do movimento, intimidou o advogado Luís de Mendonça que expôs em conselho as causas desse temor, dizendo que, obrando tão resolutamente, a revolução levantava pronta reação do governo central, sem ter preparado a sua resistência militar; quando, se se mascarasse esses intuitos emancipadores, a reação seria mais vagarosa, encontrando Pernambuco já unido a outras capitanias e bem preparado para sustentar a sua instituição. Esta sinceridade, em que não se pode ver falta de critério, apesar do temor que a ditou, caiu no seio do conselho como imperdoável fraqueza e criminosa falta de patriotismo. E de tal maneira assim foi aceita que o notificador da prisão de Caetano Pinto, sentiu oscilar em torno de seu nome a confiança dos revolucionários tanto quanto lhe feriram a susceptibilidade patriótica as suspeitas e os apodos despertados. Para defender-se das acusações, que lhe eram feitas, formulou um demagógico *Preciso Revolucionário* que foi o primeiro impresso realizado em Pernambuco, com o material ainda não servido que o inglês Koster mandara vir para a fundação de um jornal. Com essa publicação salvou a sua dignidade de brasileiro e seus abalados créditos revolucionários.

Tranquilizado o diretório com esse procedimento de um de seus mais conspícuos membros, tratou de estender a onda revolucionária. João Ribeiro Pessoa fez conhecer ao padre João de Sousa Tenório, vigário da ilha Itamaracá e patriota apaixonado, que a causa havia triunfado na capital e dependia dele e de outros o seu feliz sucesso em outros pontos de Pernambuco.

Sousa Tenório desde logo procurou sondar o espírito do juiz-de-fora da Goiana, a cuja jurisdição pertencia a bem afortalezada ilha, porque esse, como português e como atendido pelo comandante do forte, poderia opor séria resistência. O juiz ao ouvir o venerando padre não teve coragem de argumentar as razões explanadas; empalideceu, agarrou-se a um silêncio comprometedor e saiu atônito e às pressas. O inteligente e querido vigário compreendeu o que poderia resultar desse desapontamento, e, sem perder tempo, partiu a reunir gente, o que se lhe tornava facílimo pela justa influência que gozava em Itamaracá. À noite ele estava senhor de uma boa coluna, a que se reunira Jerônimo de Albuquerque Maranhão com escravos; tomou armas e fez-se comandante dessa força, que levou a sitiar o forte. Aí, parados, escolheram os rebeldes um parlamentário, escolha que recaiu ao capelão da fortaleza que com eles havia seguido. O comandante, porém, não o quis atender e fê-lo comunicar aos rebeldes de que só aceitaria negociação ou trato com o padre Tenório.

Tal resposta deixou suspeitas no espírito dos combatentes; mas o padre Tenório, com uma coragem só igual ao seu patriotismo, entregou o comando da coluna a Maranhão, avisando-o de que, se no fim de duas horas não estivesse de volta, atacasse a todo o valor a fortaleza.

Isto dito, partiu, levando sob a batina duas pistolas carregadas. Alguns quiseram segui-lo, temendo por sua vida, ele sorriu calmo e lhes impôs com um gesto que ficassem.

Não foram necessárias as duas horas da convenção. A autoridade, coragem e amor pátrio do vigário, persuadiram o rude comandante da fortaleza de que a causa republicana era vencedora.

Então, como anúncio da vitória, a artilharia troou, salvando à Liberdade.

A revolução ia lavrando pelo norte. Na Paraíba, excelente terra de boas produções, porém mal administrada, as notícias do Recife impressionaram vivamente. Foi em Itabaiana, lugar onde residiam diversos moços educados em Olinda, que soou o primeiro grito revolucionário. O inteligente moço Manoel Clemente Cavalcanti tomou para si a dificílima missão de converter às ideias republicanas seu ignorante e terrível pai, e de tal modo se houve que ele, João Batista do Rego, homem sem leituras e devotado ao rei, entusiasmado com essas reformadoras ideias, tomou a testa do movimento. A bandeira branca tremulou sobre as cabeças dos soldados da República, o capitão André Dias de Figueiredo reforçou os contingentes e marcharam para a capital. Em Vila do Pilar onde fizeram *alto*, souberam os revolucionários que o ouvidor e chefe do governo da Paraíba, André Alves da Silva, fugira, deixando a cidade entregue ao prestimoso coronel Estêvão José Carneiro e o ajudante de ordens Francisco José da Silveira. No dia 13 de março as forças revolucionárias entravam na capital ao som de músicas, repiques de sinos, e vivas da população aglomerada para recebê-las.

No Rio Grande do Norte os sucessos desenrolavam-se também com feliz êxito. Ao princípio o governador José Inácio Borges, pernambucano relacionado com João Ribeiro Pessoa, pensou em frustrar os planos revolucionários, apesar da confiança que fruía dos chefes do Recife; mas, por bom senso daqueles chefes, quando o inteiraram dos acontecimentos de Pernambuco, escreveram ao coronel de milícias Antônio Albuquerque Maranhão, opulento senhor de engenho e principal influência política, pedindo-lhe apoio à causa da liberdade pátria. Logo que recebeu as informações e pedidos do Recife, Albuquerque saiu de Cunhaú, onde residia, para Goianinha a fim de aí ajuntar gente e reunir-se a outros partidários da revolução.

Inácio Borges, julgando-o desconhecedor dos fatos e tendo-o em conta de fiel à monarquia, foi procurá-lo para fazer um conchavo de resistência. Sagaz e fementido e sobre isso incerto das tendências rio-grandenses, Inácio Borges usou de meias palavras e capciosa exposição para penetrar no espírito de Albuquerque, mas esse, que não era homem de resoluções francas, procedeu com cautela e tino, de maneira que o governador nada decidiu.

A conferência de Borges foi relatada, imediatamente, ao exaltado patriota, o vigário Albuquerque Montenegro que concitou o coronel a prender, sem perda de tempo, o caviloso governador. Movido pelo exaltamento do vigário Montenegro, Maranhão chamou gente e foi surpreender Inácio Borges no engenho Belém, onde pernoitara. Realizado esse golpe tinham os revolucionários em mão o poder da capitania. Ao socorro deles mandou, o governo da Paraíba o jovem tenente-coronel José Peregrino com 50 homens de 1ª. linha e duas peças de artilharia ligeira. Em 19 de março estavam eles na capital e criavam uma junta governativa, chefiada pelo vigário Feliciano José Dornelas. Enquanto o incêndio da revolução alastrava-se pelas terras da Paraíba e Rio Grande, o governo provisório do Recife preparava as missões ao Ceará e à Bahia. A primeira foi confiada ao moço subdiácono José Martiniano de Alencar, filho da Vila do Crato onde contava grandes simpatias. Munido de instruções secretas, Alencar seguiu para o Crato onde procurou seu pai, o pároco, pessoa de qualidades caritativas, de hábitos chãos, mas desprovida de capacidade intelectual. Não podia, pois, esperar coadjuvação desse homem, e às suas primeiras palavras o bom pároco ficou tão aterrorizado que o filho teve necessidade de se calar. Sem desanimar do insucesso de seus primeiros passos, o moço evangelizador da Liberdade encontrou acolhimento em frei Francisco de Santa Mariana, monge carmelita, que a par com o fervor da sua fé, mantinha o culto da sua pátria. Mas, frei Francisco não possuía a fibra dos homens de ação, era tímido, talvez indolente. Por isso, Alencar recorreu a um depravado ricaço por nome Filgueiras ou Felgueiras, alcunhado o *mandingueiro* pela impunidade em que vivia apesar da notoriedade de seus crimes, e com palavras quentes para acender-lhe a vaidade, com relampejantes promessas para aguçar-lhe a ambição, logrou não o seu apoio mas o seu assentimento ao levante. Assim tratado, em um domingo, após a missa rezada por seu pai, o subdiácono Martiniano de Alencar subiu ao púlpito e leu o *Preciso* de Mendonça, sendo acolhido com ovações. Terminada a leitura grande número de populares o acompanha para fora da igreja e aí, com entusiasmo e altos brados, descarrega as clavinas em sinal de festa. De repente, corre em todos os ouvidos a notícia de que o famigerado Filgueiras se aproximava à frente de um bando armado. Há um sussurro de medo, um surdinar de suspeitas. Alguns patriotas apressam-se a entrar em suas casas; outros esquivam-se do ajuntamento. Poucos, dos mais ousados, pedem explicações a Alencar daquela interferência, que os intranquiliza. O subdiácono não sabe que julgar, mas responde persuadindo-os da aliança com o facinoroso.

Filgueiras entra na praça, acomete um popular que hasteia a bandeira branca da revolução, arranca-lhe das mãos a haste e quebra-a no joelho, depois, em atitude hostil, ordena a toda essa gente que grite: *Viva El-Rei!* no que é obedecido com humilhação; destaca seus apaniguados para diversos pontos, guarnecendo a saída da vila, e vareja as casas. Martiniano de Alencar, seu pai e sua mãe, frei Francisco e outros patriotas são presos, conduzidos em escolta para a capital onde o governador Manoel Inácio de S. Paio os mete em segredo de cadeia, alargando a obra reacionária com prisões arbitrárias. Foi este o resultado da missão ao Ceará.

A segunda, pelas dificuldades que oferecia o prepotente governo do conde de Arcos, foi entregue a um padre de grande inteligência bem cultivada, ardente patriota e homem capaz de arriscar-se às mais perigosas empresas posto que fosse indiscreto e loquaz. Esse era o padre José Inácio Ribeiro de Abreu Lima, chamado por antonomásia *padre Roma*. A missão, não obstante o título de secreta, bem cedo divulgou-se. Quando o padre *Roma* saiu, por terra, para seu destino, disfarçado em apóstolo de uma religião universalista, já todos sabiam qual a direção que ia tomar. Acompanhado por um filho menor entrou no território das Alagoas (que nesse tempo fazia parte de Pernambuco) e conseguiu por seus calorosos discursos concitar o ânimo dos alagoanos desde o comandante militar, tenente-coronel Antônio José Vitorino, até o de dois oficiais portugueses, cujos serviços não foram insignificantes. Na sua classe a vitória foi completa. Os eclesiásticos escutavam-no atentos, movidos pela beleza sugestiva de suas palavras e saíam a pregar, a espalhar a nova doutrina. Em Serinhaém, o padre *Roma* subiu ao púlpito e num memorável improviso pregou as vantagens da revolução. Satisfeito com esse resultado embarcou-se numa balsa para as costas da Bahia, onde o conde de Arcos, prevenido dos sucessos por uma das embarcações que primeiro ali chegaram com portugueses emigrados de Pernambuco, redobrou a vigilância de sua formidável polícia, sobretudo quando lhe foi dito que o padre *Roma* destinava-se àquela capitania. Avisado e ativo, o conde de Arcos destacou para o litoral de desembarque diversas escoltas, informadas dos sinais característicos do missionário republicano.

Na tarde de 26 de março o destacamento de Itaipava viu bordejar receosa uma embarcação com o velame diferente do que ali se usava. Convencida de que ela trazia o padre, recuou para desfazer suspeitas. À noitinha, prevalecendo-se da escuridade que baixava, tendo ela aproado à terra onde encalhou, os soldados de vigia assaltaram-na, prendendo os que em seu bordo vinham. O padre *Roma* era bem o homem para semelhante missão, e provou-o nobremente com a presença de espírito que teve para inutilizar todos os papéis comprometedores confiados à sua guarda. Sem esperar ordens do Rio de Janeiro, investido das atribuições que o seu alto cargo lhe facultava, o conde de Arcos erigiu um tribunal militar para justiçar o padre *Roma*. Em três dias foi lavrada a sua sentença. O talento com que se defendeu, a serenidade de ânimo com que compareceu no tribunal, tornaram-se inúteis diante das acusações dos portugueses emigrados. E, altivo, dando aos seus juízes, muitos dos quais não o podiam fitar de face porque eram coniventes com a revolução pernambucana, o raro exemplo de abnegação da vida por uma causa sagrada, ouviu sua sentença de morte. No dia 29 caminhou firme para o Campo da Pólvora ou Campo de Sant'Ana, familiarizando com os sacerdotes que o acompanhavam. Despediu-se de seu filho menor e de outro (que foi mais tarde o general Abreu e Lima, nesse tempo oficial de linha) que a justiça humana levou a assistirem o suplício paterno, despediu-se também dos padres que o animavam e, sem vacilar, colocou-se à frente das espingardas portuguesas. A ordem de fogo colheu em seu peito uma saudação à Liberdade, marmorizando em seus lábios um sereno sorriso de esperança. A segunda missão, como a primeira estava anulada; mas, essa, terminou aureolando em sangue o cadáver do evangelizador da República.

Entregues as missões da propaganda revolucionária a esses dois distintos correligionários, a junta provisória atendeu à administração interna de Pernambuco. Boas e sábias medidas foram adotadas. Avocara ao Tesouro Público as dívidas da extinta Companhia de Comércio, criada no governo do marquês de Pombal, que estavam em mãos particulares, desobrigando de pesados juros acumulados aos lavradores que, dentro de dois anos, saldassem seus compromissos; relaxou a cobrança de alguns impostos que vexavam os habitantes; decretou a liberdade do comércio, isentando de direitos os chamados gêneros de monopólio; procurou impedir o tráfico de africanos; mas, ao lado destas tão úteis e bem aceitas medidas pela sua liberalidade, levantou outras, não de menor importância, porém, politicamente desastrosas. Assim, a de reter os portugueses e seus bens na província, a de liberdade dos cultos, a abolição dos escravos foram calar no prevenido espírito dos interessados e dos ignorantes. A primeira era iníqua, apesar da má vontade que uma grande parte de portugueses mostrava contra a República; nenhum resultado seguro poderia trazer, e só desconfianças e apreensões sobre complicações internacionais. A segunda, se bem que o clero estivesse representado no governo pelo que possuía de mais adiantado e exemplar, feria profundamente a absoluta falta de cultivo intelectual do povo. A terceira, que deveria ser uma das maiores preocupações do governo, dependia de sagacidade e mesmo de oportunidade. Decretando-as, o governo provisório despertava contra ele, extemporariamente, a antipatia de dois elementos poderosos. E foi o que se deu. De nada lhe valeram a cordura, a doce energia ateniense. Quando foi preciso cuidar da força militar, os negociantes de armas, todos portugueses, burlaram seus intuitos. O governo soube do conchavo que o embaraçava, mas, repugnando os meios violentos, contentou-se com a publicação de um *edital*, escrito como se fosse uma proclamação:

"Patriotas Pernambucanos! O governo provisório vos adverte que tudo não está feito com a feliz revolução efetuada por vossos esforços e com a ajuda da benfazeja Providência; muito mais resta a fazer. O golpe assustou aos vossos inimigos, mas não os destruiu... Faltam munições e armas aos braços de muitos valentes patriotas e elas existem em nosso território. O Governo julgou do seu dever convidar os patriotas que as possuem, a que as vendam pelo preço que a justiça dita. O Governo está certo de que não abusareis das circunstâncias atuais pretendendo preços exorbitantes; ele conhece os vossos sentimentos e vos faz justiça, e repousa na vossa generosidade. Concorrei pois ao Quartel

General, a apresentar as vossas minutas que serão com exatidão satisfeitas à boca do cofre".

Nem esta energia, esta maneira delicada de obrigar, venceu a indisposição contra ele! Cuidando de fazer uma pequena armada para a defesa de sua costa, abandonada pela Metrópole, encontrou-se outra vez com a resistência dessa inimizade, e só a peso de ouro pode adquirir alguns pequenos barcos imprestáveis!

Então, para não ser tachado de despótico, enviou à América do Norte o negociante Cruz Cabugá para tratar do reconhecimento da nova República e da compra de armamento, aproveitando da ocasião a fim de engajar alguns oficiais franceses, banidos de França pela restauração do Império; e para a Inglaterra, porque o seu cônsul no Recife reconhecera o governo provisório, foi enviado o inglês Koster, encarregado de pedir ao ilustre brasileiro, residente em Londres, Hipólito José da Costa[8], o seu interesse em alcançar da grande nação europeia o apoio à causa revolucionária; para Fernando de Noronha, a fim de trazer a melhor gente da guarnição ali destacada e os presos que não fossem galés por crimes hediondos, partiu o major Inácio Antônio de Barros Falcão que acabava de se desobrigar da comissão de fortificações do litoral.

Tinha já o governo organizado a bandeira, dividida horizontalmente em duas partes iguais pelas cores branca e azul, contendo no meio da parte branca uma cruz vermelha e na outra parte um sol rodeado de três arcos de aliança sob uma estrela, simbolizando a República rodeada pelas três províncias insurgidas; e contava com o bom êxito de seus emissários, quando lhe chegou a notícia do insucesso dos padres Alencar e *Roma*, e com ela a pior nova da reação preparada pelo conde de Arcos, cujo exército ao mando do general português Joaquim de Melo Leite Cogominho, devia se achar nas proximidades das Alagoas.

8. Hipólito José da Costa Pereira Furtado de Medonça mantinha naquela cidade o *Correio Brasiliense* (1808-1822) e foi o mais ardoroso e prestante servidor da sua pátria, na luta pela emancipação política. A sua bolsa de negociante rico, e o seu prestígio de homem culto, estiveram sempre ao dispor de todos os patrícios que almejavam a liberdade brasileira (N. do A./ 1905).

Preparava-se um contingente comandado por José Mariano, que iria reforçar o de Alagoas, e, quando se lhe dava embarque na pequena esquadra, assomaram velas no horizonte, que foram reconhecidas pertencerem a grandes navios, divisando-se-lhes, também, as bandeiras portuguesas. A esquadrilha republicana não podia sustentar combate por falta de um comandante experimentado e quase nenhuma resistência de seus barcos, por isso, chegou à praia onde a força de José Mariano desembarcou para seguir por terra, em socorro da guarnição de José Vitorino, porém tardiamente. A Vila de Penedo e Vila Nova tinham-se submetido às armas portuguesas. Maceió tremeu sob a invasão realista. José Vitorino fugiu e os soldados abandonados deram-se pressa em hastear o pendão da Metrópole. José Mariano marchou lentamente, sem deliberações, ao lado do otimista coronel Luís Francisco de Paula. Na vila do cabo ajuntaram-se-lhe o capitão José Luís de Caldas e dois filhos; foram os únicos que vieram.

Apenas chegados ao Porto das Pedras tiveram confirmação dos boatos que corriam a respeito do exército *legal*, e com esta veio a notícia de que o destacamento de 1ª. linha e parte da milícia daquele distrito estavam em marcha com o capitão Manuel Duarte Coelho, formando uma vanguarda inimiga. José Mariano quis retroceder, mas os oficias desenganaram-no desse intento, pois não conheciam as forças contrárias; demais, a retirada precipitada seria indecorosa; os *realistas* tinham de atravessar um largo rio que não podiam vadear, e, embora com recursos, ficariam sujeitos a ser metralhados durante a difícil passagem. Em pouco tempo apareceram os inimigos. A força republicana, na margem oposta, formou linha de batalha e precipitou-se em hostilizá-los.

Os *realistas* responderam ao fogo por longo tempo, sustentando bem suas posições. Por fim o grito de — *estamos perdidos* — ecoou nas fileiras republicanas. A debandada foi geral, e, como baixasse a noite, tornou-se impossível a reorganização das linhas de atiradores. Longas e angustiosas arrastaram-se as horas das trevas. Aos primeiros clarões do dia os soldados reconheceram que o seu chefe havia fugido; no entanto, procuraram manter-se dignamente, mercê à calma do capitão Sá Barreto que fez uma retirada regular, embarcando a gente nas jangadas adrede preparadas por ordem do chefe fugitivo. Mas os realistas prosseguiram, atravessaram o rio e vieram colher os republicanos nesse momento. A confusão encarregou-se do resto. Os que estavam embarcados seguiram seu rumo sem atender aos companheiros ainda em terra; esses, metidos entre duas colunas inimigas, batiam-se valentemente, mas já em defesa própria, sem comando, nem estratégia; até que dominados pelo número caíram prisioneiros.

Em socorro de José Mariano tinha marchado o capitão João do Rego Dantas, mas, logo em Ipojuca, sabendo dos infelizes sucessos do sul, retrocedeu com a sua força e em boa hora porque o exército de Cogominho, em marchas forçadas, vinha se aproximando. Por onde passava a submissão era geral, e, clandestinamente, enviava aos pontos vizinhos emissários que espalhavam à farta a seguinte proclamação do conde de Arcos: "Habitantes de Pernambuco! Marcham à comarca das Alagoas, bandeiras portuguesas e soldados baianos para as içarem em toda a extensão dessa capitania. Todo o habitante de Pernambuco que não as seguir rapidamente e não marchar junto a elas será *fuzilado*. As forças navais ora à vista em bloqueio do porto têm ordem para *arrasar a cidade e passar tudo à espada*, se imediatamente não forem instauradas as leis de sua Majestade Fidelíssima El-Rei Nosso Senhor. Nenhuma negociação será atendida sem que preceda, com preliminar, a entrega dos chefes dos revoltosos a bordo, ou a certeza de sua morte, *ficando em inteligência de que a todos é lícito atirar-lhes à espingarda como bandidos*".

Escolhendo lugar onde menos exposto estivesse à surpresa do inimigo, Rego Dantas mandou buscar um reforço ao Recife, informando ao governador de tudo que se passava. Sabendo de seu paradeiro, seu sogro, que era português e se carteava com um dos chefes das forças realistas, escreveu-lhe uma longa missiva persuasória, convidando-o a bandear-se com os monarquistas, e, para melhor resultado, invocou seus sentimentos de parentesco, à qual o honesto capitão retorquiu: "Prefiro a morte com todos os seus horrores à mancha indelével de traidor à Pátria. O sentimento da família, bem que altíssimo, perde todo o seu valor quando é posto em contato com o dever patriótico, a salvação da Pátria".

O movimento reacionário surgiu em outras capitanias. A ideia republicana não tinha profundas raízes senão nos peitos dos homens educados; a maioria daqueles povos, ignorantes, e criados em um meio atrofiado por governos humilhadores, não podia compreender essa forma de governo democrático, em que não havia um *privilegiado*, representante absoluto do poder divino, e a roda do qual a protérvia, a cobiça, o nepotismo, em ajuste com ele, traçam o largo círculo da submissão do povo.

Das capitanias do norte a única que, nessa época, possuía uma benéfica vulgarização de primeiras letras e estudos superiores, embora dependentes dos estreitíssimos moldes portugueses do século XVII, era Pernambuco, devido aos perseverantes esforços do sábio prelado Dom José Joaquim de Azeredo Coutinho, brasileiro de coração e nascimento, honra desse clero que com tanto saber e amor pátrio ilumina seu nome entre os protomártires da nossa independência. Daí a razão por que a chama republicana mais vigorosa foi nesta que em outras capitanias. A instrução, nas outras capitanias vizinhas, limitava-se a pequenos, diminutos grupos na sua totalidade compostos de moços educados em Pernambuco. A ambição do poder em aqueles que foram arrastados a confraternizar com os republicanos e as irregularidades que esta ambição naturalmente provocou, tais como as investiduras dos cargos públicos, as irrefletidas promoções com aumento de soldos, cavaram desconfianças e despeitos no espírito dos habitantes. Junto a isso uma inércia de atos, ou melhor: uma flagrante falta de tino administrativo, veio colaborar na derrocada dos alicerces da liberdade que o entusiasmo dos inteligentes patriotas tão depressa convidou a levantar.

O retrocedimento foi, pois, obra forçada destes elementos, e basta, para se averiguar das causas, conhecer os guiões dos bandos restauradores que portugueses e estúpidos ricaços brasileiros armaram ocultamente, à sombra do descuido e da imprevidência.

Na Paraíba foi um mulato, chamado Bastos, indivíduo

analfabeto e dissoluto, valentão de correrias e capanga ao serviço dos que bem lhe pagavam, quem se incumbiu de dirigir a gente monarquista. Ao encontro desse bando saíram o capitão de ordenanças André Dias Figueiredo, seus dois filhos e um contingente. Travado o combate o valor dos republicanos fez debandar esse grupo com prejuízos de mortos e prisioneiros; mas, para recuperar o terreno perdido, o português João Alves, senhor do engenho Pacatuba, reunido ao capitão de milícias Matias da Gama que, no interior, conseguiu sequestrar o gado necessário ao abastecimento da capital e de outros lugares, desceram com um reforço a invadir a cidade, aos gritos de *viva El-Rei, morram os Patriotas*. Para batê-los foi nomeado o coronel Amaro Gomes Coutinho, comandante da 1ª linha. Esse coronel não pôde opor-se à insubordinação de seus soldados e teve de fugir, servindo-se de um hábito de frade que lhe foi dado por um franciscano; ainda assim correram os realistas ao seu encalço, sendo por fim preso e amarrado.

José Peregrino acudiu à capital, mas seu pai, Augusto Xavier de Carvalho, induzido pelos monarquistas, roja-se-lhe banhado em lágrimas aos pés do dedicado filho e consegue que ele lhe entregue a espada de soldado da República. As recompensas da fraqueza foram as masmorras da fortaleza Cabedelo, nas quais meteram Xavier de Carvalho, José Peregrino e cinco oficiais. Barros Falcão, que voltava de Fernando de Noronha, com trezentas praças, desembarca, por esse tempo, na baía da Traição, onde recebe uma retardada carta de Peregrino pedindo-lhe que fosse auxiliá-lo, pois a capital da Paraíba estava ameaçada. Barros Falcão, em vez de para ali se dirigir com seus soldados, resolveu seguir só; os soldados desertaram e ele caiu prisioneiro. A saída de Peregrino, em 28 de agosto, para Paraíba, entregou o Rio Grande do Norte à tibieza de seu governo. Os boatos espalhados causaram sérias apreensões aos fracos, os monarquistas forjavam cautelosamente a máquina infernal da vingança. Antônio Germano passou-se para os realistas e um oficial português apunhalou Albuquerque Maranhão que, moribundo, foi abandonado no chão de uma cadeia, onde expirou.

Ao sul a coluna de Rego Dantas e Francisco de Paula

sustentava a guerra, tendo desalojado os realistas do engenho Utinga. Domingos Martins seguiu para esse ponto da capitania, sendo acompanhado pelos patriotas frei Joaquim do Amor Divino Caneca e frei José Maria Brayner. O vigário e o coadjutor da Vila do Cabo organizaram com Henrique de Rezende um esquadrão de cavalaria às ordens de Paula. O senhor de engenho Pedro Ivo e o padre Souto Maior formaram guerrilhas. À defesa da República não falta coragem nem falta abnegação dos pernambucanos; há porém uma falha nesse dedicado entusiasmo, é a tática militar. Os soldados servem para guerrilhas mas não se prestam à organização de colunas de guerra; os chefes são corajosos mas não concertam plano nem conhecem as evoluções militares. Domingos Martins e Souto Maior são surpreendidos à margem do Mealpe pelos pardos de Penedo, e caboclos de Atalaia comandados por Antônio dos Santos, ficam prisioneiros e a maior parte de sua gente morre às mãos cruéis dos caboclos que se divertiam em caçá-la.

Pouco depois, o exército de Cogominho, forte de 1.200 homens, encontra-se com 300 patriotas da coluna de Paula na fazenda Ipojuca. Dá-lhes combate e é sempre repelido com prejuízos enormes, que lhe fazem acreditar ser duas vezes maior que a sua a força republicana. À noite entram em tréguas; Paula reúne conselho de oficiais e este decide a retirada. Cogominho que temia um ataque de surpresa, destaca sentinelas perdidas e prepara-se para a resistência de momento. Ninguém dorme. Às dez horas começou a retirada em silêncio. Mas, uma das sentinelas de Cogominho percebe um numeroso grupo que se esgueira na escuridão, julga uma cilada e dá o alarma. O exército português avança e aprisiona os patriotas, conseguindo o comandante Paula fugir para o Recife.

Esta vitória foi o princípio d'agonia republicana.

Os pedidos de apoio ao estrangeiro goraram inteiramente. Nos Estados Unidos, Cabugá conseguiu a compra de algumas armas e engajar três oficiais franceses que chegaram tarde.

A democracia concentrada na capital decretou o serviço militar obrigatório e chamou para as fileiras os escravos, prometendo-lhes alforria e indenização aos senhores. Mas foi infeliz.

No mar a esquadra real, às ordens do vice-almirante Rodrigo Lobo, bloqueava toda a costa, colocando os republicanos entre dois fogos. Quando o exército de Cogominho apontasse nas cercanias da cidade, o marinheiro Lobo começaria a obra de devastação, fazendo sua artilharia vomitar metralhas. O desespero dos sitiados chegaria ao auge; a reação deveria surgir dentro da própria cidade, movida pelos últimos recursos; então, pisando sangue, calcando cadáveres, as tropas d'El-Rei entoariam vitória com as bandeiras desfraldadas.

A junta governativa foi buscar aos cárceres o delator Cruz Ferreira e o encarregou, no dia 18 de maio, de negociar com Rodrigo Lobo um tratado de capitulação, ao qual respondeu o rude marinheiro português: "Eu tenho em meu favor a razão, a lei e a força armada, tanto terrestre como marítima, para poder entrar em Recife com a espada na mão a fim de castigar muito à minha vontade a todo e qualquer *patriota ou infiel vassalo, que são sinônimos*, por terem atropelado o sagrado das leis del-Rei Nosso Senhor".

A resposta do vice-almirante motivou uma contradita violenta. Os republicanos, confiados no gênio impetuoso de Domingos Teotônio, entregaram-lhe a suprema direção da sua causa.

Ato contínuo, Teotônio fez saber ao marinheiro que, a recusa de *um honroso tratado de capitulação*, importaria na degola e fuzilamento dos presos monarquistas e dos portugueses retidos na capital.

Esta notícia correu pavorosamente pela cidade, entrou nos cárceres, deixou sobre todos uma atmosfera de forja em que mal se podia respirar. Domingos Teotônio não tinha coração capaz de resistir ao sofrimento de toda essa gente, já agora aterrada, ansiando pela notificação condescendente do almirante. E esse homem, diante de uma emergência tão assustadora, teve a crueldade de demorar a resposta!

Por fim, mandou dizer que não temia ameaças e que, por si, nada poderia decidir, dando contudo a sua palavra que respeitaria a *vida dos rebeldes* enquanto não chegasse resolução da Corte, para onde, desde logo, enviaria um emissário no mais veleiro barco para *orar a El-Rei o perdão dos vassalos.*

Então Teotônio resolveu abandonar a capital, marchando

para Olinda. Confiou a Francisco de Paula a retaguarda das forças restantes, com a condição de, ao sair, dar liberdade a todos os presos. Esta ordem foi prontamente realizada porque, apenas a vanguarda republicana deixou a cidade, alguns grupos de monarquistas se reuniram, hasteando a bandeira do reino, e temendo Francisco de Paula uma luta desigual, ordenou a abertura dos cárceres. O exército de Cogominho entrou no Recife ao mesmo tempo que os marinheiros de Rodrigo Lobo invadiam o porto, tendo visto o estandarte da República substituído pela bandeira das cinco chagas que a artilharia saudava.

Francisco de Paula teve a recompensa dessa pusilanimidade no porão de um navio.

Os brasileiros que compunham a guarnição foram *licenciados*, senão expulsos; para guarnecer a cidade tomaram armas os portugueses sob o comando de oficiais da marinha real; e, por toda a parte, os *vivas El-Rei* soavam numa feroz alegria de vitória.

Diante desses desastres, desse esboroamento completo, a alma nobilíssima de João Ribeiro tremeu tímida[9] e comovida na impassibilidade de um corpo que não se dera ao mau contágio do mundo.

Ele seguira a vanguarda de Teotônio descalço e silencioso, porque tinha esgotado suas palavras nos conselhos e alentos tão necessários nas[10] horas angustiosas da última deliberação; às costas carregava um saco com o arquivo da República, como se fora o lenho do seu Calvário, e à destra apertava a espingarda de que nunca se servira mas de que precisava, nesse momento supremo, para dar com seu exemplo coragem aos fracos, tranquilidade aos fortes. Assim chegou às imediações do engenho Paulista, onde as forças acamparam. Era hora vespertina. No isolamento dos campos, na profundeza das matas, velava o silêncio das tristezas e das saudades, que o céu sem luz, viúvo dessa

---

9. O autor anotou "tímida" em lugar de "pálida", à margem e em manuscrito.
10. O autor escreveu "nas horas" em lugar de "durante as horas", à margem e em manuscrito.

fecundadora claridade equatorial do Norte, tingia de roxo. João Ribeiro entregou-se à meditação quando a fadiga inanimava os companheiros.

Que destino ele poderia tomar, se a Pátria que sonhara livre e poderosa, caía outra vez na mão do algoz, infamando e fuzilando seus filhos?... Ah! mil vezes a morte, que este derradeiro ultraje de assistir, com algemas nos pulsos, a escravidão de sua terra!...

E, sobre os escombros da infeliz República, como dos galhos de uma árvore secular, presa do incêndio, pende o corpo inerte de uma águia que não quis abandonar o ninho, o cadáver do grande patriota ficou a oscilar convulso, dependurado, por baraço, na ramaria de uma fronde. Enforcou-se o venerando padre. Mãos piedosas abriram uma cova para seu corpo, mas os soldados do marechal Cogominho exumaram-no, cortaram sua cabeça, alçando-a como um troféu, na ponta de baioneta, em passeio de triunfo.

Estava morta a revolução, anulada aquela cabeça e vencido pelo fuzilamento o braço forte do ativo Domingos Martins.

Realmente, se João Ribeiro foi a alma entusiasta da revolução, Domingos Martins era o seu corpo. Esse possuía o espírito positivo, a atividade física que faltavam àquele, um doce contemplativo, sonhador e puro. João Ribeiro vinha do misticismo da religião cristã, Martins saíra do afã comercial. Negociante em Londres onde tivera estreitas relações com o general Miranda, um soldado da independência dos Estados Unidos da América do Norte e depois comandante das forças revolucionárias da Colômbia, em 1810[11], negociante em Lisboa, negociante na Bahia e por fim mudado para sua terra natal, a natureza de Domingos Martins tomou daquela amizade e dos acidentamentos comerciais a têmpera rígida dos homens de ação. Com ele foram supliciados na Bahia, onde funcionava o tribunal militar, José Luís de Mendonça e o padre *Miguelinho*, em 22 de junho.

Pouco tempo permaneceram os republicanos nas imediações do engenho *Paulista* porque as cavalarias de Cogominho

---

11. Foi riscado pelo autor o trecho "pelo que caiu prisioneiro dos espanhóis".

os vieram perseguir, obrigando-os a uma debandada geral, de que resultou o aprisionamento de oitocentos dos seus restantes soldados. Os três chefes revolucionários, que os comandavam, Domingos Teotônio, Barros Lima e padre Sousa Tenório, embrenharam-se nas matas circunvizinhas, em cujos recôncavos viveram errantes e famintos até que a traição apontou aos vencedores o dissimulado trilho desse homizio selvagem para a captura dos infortunados.

Agarrados pela mão da vingança foram logo condenados à pena última.

No dia 10 de junho, no campo do Erário, amanhecera uma enorme forca circulada pelo parque de artilharia, de morrões fumegantes. Alas de soldados guardavam o caminho do quartel das Cinco Pontas até o campo. Às nove horas da manhã saíram daquele quartel os oitocentos soldados republicanos aprisionados na debandada final e foram conduzidos para o centro do parque, de sorte que o círculo, contornante da forca, se tornou duplo. À mesma hora penetrava nestas duplas linhas o réu Domingos Teotônio Jorge, vestido de alva, acompanhado do sacerdote e da irmandade da Misericórdia com o seu pendão. Depois de confortar-se com o confessor, Teotônio subiu devagar e firme o estrado da forca, onde parou relanceando o olhar pela multidão e, sem acusar o terror da morte, pediu consentimento para se dirigir aos assistentes, o que lhe foi consentido. Então em voz espaçada e alta, rogou perdão aos seus companheiros de ofensas e danos que lhes houvesse feito, recomendando aos seus patrícios um único filho que deixava, uma mísera criança sem culpa, para quem pedia a proteção de Deus. Calou-se. O carrasco passou, gravemente, o nó pelo braço da forca. Um arrepio de terror correu pelos nervos dos prisioneiros, que desceram as pálpebras, arredando da visão a terrível cena de vingança.

Do extremo das filas de soldados portugueses, duas vozes ásperas dominaram a respiração ansiante da turba, entoando um hino que as charangas acompanharam:

Valorosos Lusitanos
A vitória por vós chama,

> *A trombeta já da fama*
> *Vosso nome vai cantar...*

Houve um ruído surdo de ondas que se levantam, depois foi como um bramar de massas de água despedaçando-se... e milhares de vozes responderam em coro:

> *Vamos todos inspirados*
> *Pelo Marte tutelar,*
> *Resgatar um povo aflito*
> *O melhor dos Reis vingar!...*

Ao rugido do coro o corpo de Domingos Teotônio escabujava no ar; mas, de repente, ficou imóvel, — estava morto.

Para seu lugar veio Barros Lima, o *Leão Coroado* como aquele também na alva dos mártires e impávido diante do lúgubre instrumento.

O dueto rompeu o silêncio, outra vez:

> *Nossas bélicas bandeiras*
> *Avistando-as o vil enxame*
> *Pelo atroz remorso infame*
> *Já se sente aguilhoar...*

E outra vez o rumor pesado do coro levantou-se, estalou alto e cruel:

> *A nós, deu João o justo,*
> *Porque nosso valor preza,*
> *Esta nobre e ilustre empresa*
> *Que há de o trono sustentar...*

Continuava o hino, arrastando o bramir vingativo do coro, durante os últimos estrebuchos do estrangulado.

Depois apareceu a bela figura anciã do vigário de Itamaracá, Pedro de Sousa Tenório, já desautorado de suas insígnias eclesiásticas. O hino acompanhou-o no suplício:

> *Viva, viva dos Braganças,*
> *Viva o bom herdeiro augusto!*
> *Que do jugo torpe, injusto,*
> *Vem seu povo libertar!...*

E o coro:

> *Vamos todos inspirados*
> *Pelo Marte tutelar*
> *Resgatar um povo aflito,*
> *O melhor dos Reis vingar!...*

 O cadáver do patriota tinha caído do baraço sobre os corpos de seus companheiros de sentença. Dois homens aproximaram-se, cortaram-lhes as cabeças e as mãos para expô-las em lugares públicos e amarraram seus mutilados restos nas caudas de três cavalos, que os foram arrastando e pisando, fustigados por chicotadas, até as bordas de uma vala comum.

 A justiça real havia ditado a submissão pela corda da forca, pela faca retaliadora da profanação. O trono firmava-se no morticínio e como parecia cansativo enforcar oitocentos prisioneiros, a junta militar os destinou para a carnificina da anexação do Estado cisplatino, em que a política da corte emigrada se empenhava com um desmedido interesse de conquista.

 Em 29 de junho chegou a Pernambuco o novo governador, general Luís do Rego Barreto que, sedento de vinganças nativistas, procurou exterminar os últimos rebeldes batidos, perseguindo-os em seus esconderijos como bestas-feras.

 Enquanto a forca funcionava e os porões dos navios não chegavam para conter os presos algemados, entregues à fome e entregues à brutalidade das sentinelas, Luís Barreto e seus oficiais, arrotando o vinho das lautas refeições, lançavam a desonra e a infâmia em Recife, implantando uma imoralidade desenfreada que nem sequer recuava diante do pudor das principais famílias!

 A carta régia de 6 de agosto de 1817 mandou suspender as execuções e instituir alçada que se instaurou no Recife a 3 de setembro, tendo por presidente o desembargador Bernardo Teixeira Coutinho, nome que se tornou famoso, desonrando a toga de magistrado e aviltando suas qualidades humanas com um desespero inacreditável de perversidades.

Por sua ordem foram surrados em público, presos às portas das cadeias, homens livres e honestos; levadas aos cárceres e castigadas com palmatória indefesas mulheres, tenazmente perseguidos os que houvessem prestado o mínimo serviço aos revolucionários, devassadas suas vidas, manchadas suas reputações. Só em 6 de fevereiro de 1818, dia da coroação do príncipe regente, D. João VI, tiveram anistia os implicados nos acontecimentos rebeldes.

Os traços gerais desta história deixam ver claramente em que estado se achavam os fatores da independência do Brasil.

Para os nacionais a Metrópole era mais que uma humilhação, era uma tirania. A nação entrava na sua última fase cósmica. Os meios violentos e absolutos de que a política realista lançava a bruta mão despótica conseguiram dominá-la aparentemente, mas, na realidade, ela progredia, unificando-se, fortalecendo-se aos poucos, fermentando seus ódios, sentindo-se vitalizar pelas forças da sua maturidade. E esses cruéis recursos praticados, fuzilamentos e baraços, masmorras e porões; e esse terror levantado pela sanha dos *senhores* que vibravam o azorrague, que desonestavam as virgindades e corrompiam as fidelidades conjugais, para obter dessas manchas o servilismo dos infamados e o temor dos poupados, alimentavam mais fundo n'alma patriota o rancor pelo tirano, a esperança da independência[12].

12. Este capítulo cumpre função decisiva na construção de toda a narrativa. É o "resumo histórico" mais extenso do livro, não por acaso centrado no movimento mais radical, amplo e efetivo de instalação da república no Nordeste brasileiro, antes de 1822. No plano do encadeamento factual, a narrativa estende e intensifica o caráter cruento da história, o poder de repressão e terror da metrópole. A cena da morte dos principais líderes da Revolução retoma a de Tiradentes e antecipa a de Frei Caneca: temos aí alguns dos momentos de encenação dramática mais bem trabalhados no texto e algo inusitados na historiografia da

época, marcados por tom decrítica e denúncia só encontráveis — em sua retórica contundente que desvela as atrocidades ocultas da história e que as põe num plano de espetáculo sublime — nas melhores páginas de Euclides da Cunha.

VI
A INDEPENDÊNCIA
(Tentativas Republicanas)

Quando, em 1821, a grande frota, que levava à Lisboa a família real, singrou os vagalhões espumantes do Atlântico, deixando no esfumiamento da longitude a caiagem das baterias de Santa Cruz, a bandeira de uma nova Nação flamejava nos sonhos do patriotismo, acenando em desafio ao pendão das quinas, aberto nos mastros das naus veleiras.

O Rio de Janeiro, como centro do novo reino unido, apresentava esta característica feição sinderésica da atenta observação de seus próprios sentimentos, tão peculiar aos períodos de proximidade agitadora. O que até então tinha passado sem comentários era assunto para a agudeza das censuras; falava-se em voz baixa, mas nada escapava à crítica e à opinião dos nacionais, que iam revigorando suas aspirações com a cautelosa permuta de ideias em constantes reuniões. A sociedade estava separada em duas cores — a brasileira que sofria, a portuguesa que dominava; e entre essas duas parcialidades erguia-se a figura do príncipe D. Pedro, lugar-tenente de D. João VI, conciliando as queixas de uma com a arrogância de outra.

Das aspirações da parcialidade nacional resultou a reorganização da maçonaria que D. João VI havia perseguido e desbaratado. Muitos dos antigos membros de uma loja intitulada *Distintiva*, que funcionara em Niterói, fundaram nova agremiação em que o bacharel Joaquim Gonçalves Ledo, o brigadeiro Alves Branco Muniz Barreto, o tenente-coronel Manoel dos Santos Portugal, o padre Januário da Cunha Barbosa, Antônio João de Lessa e outros *irmãos*, deram começo ao projeto da independência do Brasil, sob um regímen republicano. Pouco a pouco as lojas maçônicas surgiram. Em sua morada, na rua d'Ajuda, o capitão-mor Joaquim José da Rocha organizou uma com o assíduo concurso de Luís Drummond de Vasconcelos, frei Francisco de Sampaio, Pedro Dias Gordilho Paes Leme, José Mariano de

Azeredo Coutinho, dr. Francisco da França Miranda e coronel Luís Pereira da Nóbrega, também interessados na emancipação da pátria.

À espionagem portuguesa não escapavam essas reuniões, que a prudência fez mudar para o refúgio das celas do Convento de Santo Antônio, onde compareciam os membros da primeira loja. Ali, no recolhimento claustral, sobre a escarpa verdejante da montanha, os malsins da *divisão auxiliadora* farejavam de longe os rastros dos dedicados patriotas sem lhes estorvar os passos.

D. Pedro conhecia as tentativas dos maçons que, por conselho de alguns, procuravam astutamente envolvê-lo na execução de seus projetos, e para desnuviar as apreensões de seu pai, informado de tudo por noveleiros patrícios, escrevia-lhe, à tinta vermelha[13], em outubro de 1821:

"A independência tem-se querido cobrir comigo e com a tropa, com nenhum conseguiu nem conseguirá porque a minha honra e a desta é maior que todo o Brasil. Queriam-me e dizem que me querem aclamar imperador. Protesto a Vossa Majestade que nunca serei perjuro, que nunca lhe serei falso, e que eles farão essa loucura mas será depois de eu e todos os portugueses estarem feitos em postas; é o que juro a Vossa Majestade, à Nação e à Constituição."

Cresciam grandes divergências entre os representantes das duas lojas principais, porque a de Ledo trabalhava pela república e a de Rocha pela implantação monárquica; mas a notícia aqui chegada, em o primeiro dia de janeiro de 1822, confirmando a resolução das cortes portuguesas que rebaixavam o reino unido do Brasil à antiga categoria de colônia, sendo retirado do Rio de Janeiro o príncipe regente, veio dar vantagens adesistas à loja da rua da Ajuda, pelo terror de uma insustentável guerra com Portugal. Essa loja, ora designada pelo título *Comércio e Artes*, nomeou um *irmão* que merecesse a confiança do príncipe a fim de sondar suas disposições, e essa nomeação recaiu em Paes Leme que, dois dias depois, trouxe satisfatória resposta. Era preciso, no entanto, o apoio de algumas províncias. Paes Leme

---

13. Foi acrescentado à margem, em manuscrito: "`a tinta vermelha".

seguiu para S. Paulo, Oliveira Barbosa para Minas e com destino a Pernambuco partiu Antônio Drummond de Vasconcelos, que não era maçom, mas interessado na independência. A adesão desta província tornava-se importantíssima porque formaria ao norte, como o Rio de Janeiro ao sul, a fronteira de resistência ao domínio português da Bahia.

Não se descuraram os republicanos de tomar as providências que o caso pedia. Eles, porém, agiam de modo diverso. Para a causa, que os animava, a retirada do príncipe seria um benefício; sem a presença do sonhado *futuro rei*, os partidários da monarquia brasileira convergiriam seus esforços emancipadores para a realização da obra que os companheiros de Ledo idealizavam; e, por isso, convinha-lhes fossem conservadas as juntas provisórias dos governos provinciais. Januário da Cunha Barbosa pôs-se a caminho de Minas, João Mendes Viana embarcou para Pernambuco; quanto a São Paulo, eles contavam com José da Costa Carvalho, lá exercendo cargo da magistratura. Foram mais pressurosos os monarquistas porque, recebendo de São Paulo uma carta de acordo, aqui combinaram realizar com presteza a manifestação popular pedindo ao príncipe que *ficasse*. E D. Pedro que, em outubro de 21, tinha jurado a sua majestade e augusto pai toda a fidelidade, no dia 9 de janeiro de 1822, esperava no Paço da cidade, vestindo vistoso uniforme militar, a entrada processional do Senado da Câmara para responder-lhe com as memoráveis palavras: *Como é para o bem de todos e felicidade da Nação, fico!*

Ainda em fins de dezembro de 21 ele escrevera a seu pai, a respeito da opinião brasileira sobre sua partida:

"...Ou vai, nós nos declaramos independentes; ou fica e então continuaremos a estar unidos e seremos responsáveis pela falta de execução das ordens do congresso; e demais tanto os ingleses-europeus como os americanos-ingleses nos protegem em nossa independência no caso de ir sua Majestade."

Em dois meses o juramento de vida tinha-se transformado em conveniência política!

Não podia D. João VI pasmar diante de tal volubilidade. Este é que era o seu filho D. Pedro de Alcântara e de Bourbon, duque de Bragança, este volúvel e ambicioso, iludidor e perjuro, em cujas veias corria o sangue da ardente espanhola D. Carlota Joaquina, em fusão com o sangue do *pobre rei beato*, produto de uma douda que entrava na carruagem pensando ser conduzida para o inferno. E a triste majestade deveria lembrar-se bem de que o seu Pedro tinha uma cabeça arrogante, pálida, de pele mordida por vagos sinais de varíola, longos cabelos anelados, de um castanho lindo, alourados à luz, retintos na sombra, que lhe davam ao rosto ora a alegre expressão de um mancebo doudete, ora a energia senhoril do voluntarioso; e que o negro olhar fixo, cheio de audácia, avivado por um par de sedosas patilhas cortadas das têmporas em direção do petulante arrebique do bigode, sobre os polpudos lábios de peninsular, evidenciava o bizarro hibridismo do temperamento. Deveria lembrar-se bem de que este príncipe, rudimentarmente preparado de espírito, mas inteligente e perspicaz, cavalheiresco por organização física e por gênio afeito aos exercícios da força, bom atirador de armas, frascário e galanteador, humilhava o bonacheirismo paterno tão temeroso das tendências militares! Não podia, pois, admirar-se de que o deslumbramento de um trono, num enorme território virgem d'América, o seduzisse a ponto de quebrar o irrisório juramento escrito com tinta vermelha para fingir sangue, e que, num assomo de entusiasmo, irrefletido como uma criança, imoderado como um ingrato, fosse capaz de desembainhar sua espada contra os portugueses, golpeando sua pátria para conquistar os louros de chefe supremo!

 Assim foi. *A divisão auxiliadora* que assistira às manifestações sem mostrar despeito, no dia 11 de janeiro, o terceiro do regozijo público, despejou para a rua um magote de gente armada de varapaus, que berrava contra a *cabralhada brasileira*, a quebrar luminárias e a esbordoar o povo. Dadas as providências para a repressão do atentado, soube o príncipe que seu comandante, o general Jorge Avilez, reunia os soldados na praça do Trem com intenção, talvez, de atacar a cidade; mas que, com igual rapidez, os militares brasileiros e muita gente do povo formavam batalhões no Campo de Sant'Ana e já a maioria dos habitantes preparava-se para a resistência armada. A atitude da *divisão auxiliadora*, que resfriou sua arrogância diante da energia dos nacionais, obrigou D. Pedro a pronunciar-se claramente. O general Jorge Avilez obedeceu à ordem de transportar-se para a Praia Grande, onde aguardaria oportunidade de se embarcar com sua coluna, em demanda das plagas portuguesas. Imediatamente o ministério, presidido pelo marquês de Palmela, pediu sua demissão; D. Pedro, depois de contemporizar, aceitou-a e formou novo gabinete chamando para a pasta do reino e de estrangeiros José Bonifácio de Andrada e Silva, cujo nome celebrizado na Europa, era grandemente acatado pelos brasileiros.

José Bonifácio nasceu em Santos, em 13 de junho de 1765. Em 1780 partiu para Lisboa onde bacharelou-se nas faculdades de leis e filosofia; seguindo para a cidade de Paris aí fez o curso de química e mineralogia docimástica e, ao termo de proveitosa excursão de estudo pelo velho continente, em convívio intelectual com os mais abalizados mestres, adquiriu, por originais perquisições, invejável reputação científica. O governo do reino, que o tinha mantido nessa célebre excursão, nomeou-o sucessivamente intendente das minas, inspetor das matas e sementeiras florestais, lente catedrático de metalurgia e do curso de docimasia da casa da moeda de Lisboa, diretor do encanamento do Mondego, das obras públicas de Coimbra e secretário da Academia Real de Ciências. Tais recomendações e, particularmente, a fama que ele gozava nas academias da culta Europa, fizeram com que seus conterrâneos o escolhessem para vice-presidente da provisória junta governativa de S. Paulo, e dilatassem a celebração de seus verdadeiros méritos por todas as terras do Brasil[14]. Fazendo ele parte da comissão que vinha pedir ao príncipe a permanência no reino unido, D. Pedro pensou em aproveitá-lo no seu governo, com segurança das simpatias de S. Paulo. Tão notável cidadão era uma força para os intuitos da Maçonaria fluminense. Assim posto[15] sem perder tempo, ela o procurou, dando-lhe o grau de Grão-Mestre e desenvolvendo aos seus olhos o elaborado projeto

14. Fazer referência ao ano de chegada de Bonifácio ao Brasil e ao seu *desejo* de viver tranquilo. (N. do A. — manuscrita).
15. O autor trocou "[...] Maçonaria fluminense e, sem perder tempo," por "[...] Maçonaria fluminense. Assim posto sem perder tempo", à margem, em manuscrito.

da independência. Já no espírito do conceituado naturalista semelhante ideia amanhecera em cores de esperança[16]. Aceitou o projeto e começou a desenvolvê-lo conforme suas opiniões. Nessa trabalhosa tarefa teve de enfrentar com as aspirações republicanas de Ledo, frei S. Carlos e Cunha Barbosa que mantinham um jornal denominado — *Revérbero*, em luta aberta com as tendências monarquistas do *Regulador* que era redigido por frei Francisco de Sampaio e protegido pelo governo. Ao velho Bonifácio o projeto republicano afigurava-se temerário, já pela possibilidade de desagregamento das províncias, já pelos vivos exemplos da grande revolução francesa que ele de perto viu e que, com certeza, impressionaram mal ao seu calmo espírito de cientista educado com proteção numa corte manhosa e bronca. Foi, portanto, para implantar a monarquia no Brasil que ele trabalhou pela independência. Profundamente sagaz e respeitado pela reputação de erudito, ao demais — por natureza insinuante quanto era por índole agradável, anedótico e licencioso na linguagem íntima, o que fazia especial agrado do príncipe — bem depressa conquistou a inteira confiança de D. Pedro, a amizade da bondosa princesa[17] D. Leopoldina e a dedicação daqueles que por suas posições bem acomodadas, por gratidões à família dos Braganças e pouco alento espiritual, iam ideando a arquitetura da Nação sobre um fácil terreno de conveniências[18].

A *divisão auxiliadora* retirou-se, levando magníficas munições de boca e três meses adiantados de seus soldos: uma esquadra portuguesa que entrou em águas guanabarenses, com mil e tantos homens de guerra, ancorou sob as baterias de Santa Cruz e teve de volver a Portugal, sem conduzir o príncipe ao reino, como era sua missão. Pernambuco, tendo expulsado Luís do Rego que foi batido com sua divisão em Goiana, estava

---

16. Referir suas ideias sobre a América Lusitana (N. do A. — manuscrita).
17. Foi acrescentado "da bondosa princesa" pelo autor, à margem, em manuscrito.
18. Em papel colado na margem, o autor anota em manuscrito: "Reatar a narrativa entre o vocábulo 'conveniência' e 'divisão auxiliadora'". Talvez fosse sua intenção acrescentar aqui alguns períodos.

entregue a um governo provisório; em diversas províncias do norte, com exceção do Maranhão, Pará e Bahia, a causa nacional caminhava com felicidade. E, no Rio, embora os partidos divergissem na forma de governo a estabelecer, o pensamento principal era a independência.

O próprio D. Pedro partilhava desse entusiasmo. A agitação revolucionária e as comoções duma aventurosa rebeldia contra Portugal, afinavam-se com o seu temperamento fogoso. Como a Maçonaria era o foco do movimento e eram raros os homens que não se fizeram *pedreiros livres*, ele quis pertencer a uma das lojas, mais por curiosidade da iniciação e vaidade que por interesses políticos, os quais ele sempre via através do prisma da sua versatilidade. Foi José Bonifácio quem o iniciou na Maçonaria e Gonçalvez Ledo conseguiu fazê-lo Grão-Mestre do Grande Oriente, sob o nome de *Guatimosim*. Estava o príncipe à testa do movimento emancipador.

Desde esse momento podia-se contar com a independência como a ideara José Bonifácio.

A solicitude com que Gonçalves Ledo arranjou a eleição do príncipe alvejava de certo modo a anulação do poderio de Bonifácio que, por sua vez, para abater a inadversão de Ledo, usou do maquiavélico recurso da *graça* nomeando o adversário procurador da província do Rio de Janeiro. Mas, o recurso, que mais tarde tanto desenvolvimento teve na política do Brasil, não logrou o esperado efeito porque o bacharel Gonçalves Ledo olhava para mais alto, calculando outra recompensa à sua adesão exagerada pela sua fantasia de mestiço. Súbito, porém, explodiu em Minas um movimento subversivo e o príncipe teve de partir para a província convulsionada deixando, na plena direção do governo, o seu prezado ministro. O acontecimento pesou desfavoravelmente nas pretensões de Ledo, e essas continuaram a baixar com a demora de D. Pedro que, tendo acalmado aquela província, foi obrigado a seguir para S. Paulo onde Costa Carvalho acendia uma revolta. Ainda dessa vez o príncipe obteve bom êxito, dominou a exaltação partidária, prendeu seu cabeça e deportou para o Rio os que lhe pareceram mais insofridos. Enquanto o príncipe assim procedia José Bonifácio e os seus companheiros não descansavam. Tinham formado um *conselho secreto* com a assistência de D. Leopoldina, em que procuravam ativar a independência, quando notícias recebidas de Lisboa vieram precipitar a desejada proclamação. Em fins de agosto partiu para S. Paulo o emissário Pedro Belgrano, ao encontro do príncipe, com as notícias de Portugal, uma longa e comentada carta de José Bonifácio e outra carta da princesa regente. O emissário, que tinha recebido ordem de apressar a jornada, foi encontrar D. Pedro nas proximidades do Ipiranga, de volta de Santos para a capital da província. Eram três e meia horas da tarde de 7 de setembro.

Quando ele chegou à presença de D. Pedro, este, que vinha fazendo uma aborrecida jornada por causa de ligeira enfermidade do aparelho digestivo, estava unicamente acompanhado por Manoel Marcondes de Oliveira e Melo, depois barão de Pindamonhangaba. Sofregamente tomou da correspondência e ali mesmo leu-a, com visível emoção, murmurando: *É tempo!* Ato contínuo esporeou o muar que o carregava, indo se ajuntar com a vanguarda de sua comitiva, composta de D. Luís de Saldanha da Gama (marquês de Taubaté) gentil-homem de sua Câmara Francisco de Castro Canto e Melo, ajudante Francisco Gomes da Silva (por alcunha o *Chalaça*), tenente-coronel Joaquim Aranha Barreto de Camargo, padre Belchior e criados particulares João Carlota, João Carvalho, e sua guarda de honra. Fazendo-a sabedora do que continha a correspondência, arrancou do chapéu e arremessou para longe o tope lusitano, desembainhou a espada e num gesto decidido e arrogante, erguendo-a, gritou: *Independência ou Morte!*

No mesmo instante a comitiva descobriu as lâminas, estendendo-as em continência; D. Pedro fez cair a espada sobre o solene cruzamento das outras, e no silêncio da colina, àquela hora tranquila de um fim de tarde, prestaram o juramento de honra: Independência ou Morte!

Rápido espalhou-se pela cidade o brado do Ipiranga com o estrépito de alegrias e festas. A obra dos patriotas fluminenses, desenvolvida e modificada por José Bonifácio, estava realizada. D. Pedro tornou-se o ídolo do povo. Apagaram-se as lembranças de seus passeios noturnos com os oficiais da *auxiliadora*, que faziam escândalo no lar brasileiro; apagaram-se as censuras à sua vida ostensiva de moço; os nomes, sempre grifados, de suas amantes; as propaladas suspeitas do seu *visível* portuguesismo. Agora, era o príncipe querido: era o rei... Rei! Não. Rei seria pouco. Bonifácio *achou que o povo estava acostumado com as festas do divino e preferiria um imperador de verdade*. Fê-lo imperador!

O conspícuo ministro, a quem a idade prateava os cabelos, homem acurvado pela lucubração dos livros, espírito devotado às complicadas análises da química e às trabalhosas investigações da mineralogia, alheio das galas mundanas e estranho às frivolidades dos afeminados e vaidosos, deu tratos à sua inteligência para realizar delicadezas de corte, escolher cores para as fardas, cuidar da forma das librés, criar uma ordem honorífica! Como ele, outros tinham pequeninas, mulheris preocupações. E D. Pedro, moço estouvado de vinte e quatro anos, folgazão e pueril, ria-se dessa corte arranjada às tontas, tarrafada em todas as marés, que ele teatralizava a seu talante, voluntarioso, como era, e rebelde, sobre a cega satisfação de seus áulicos.

A precipitada proclamação da independência colheu os republicanos na luta por seus planos, mas não os esmoreceu.

Para sua causa tinham ainda as daninhas ambições dos pretendentes que rastejavam em torno do favor imperial, as tendências livres de algumas províncias e a Maçonaria, onde *Guatimosim*, Grão-Mestre, em vez de ser o leão das partilhas, era o cordeiro dos lobos. José Bonifácio mediu o perigo em que se achava D. Pedro, e para arredá-lo desse fofo terreno minado, fundou uma sociedade secreta com o título — *Apostolado* — cuja chefia foi entregue ao imperador. Ficou ele sendo o Arconte-rei; os associados tinham o nome de *colunas do trono*. Essa sociedade dividia-se em duas partes distintas: — as *Palestras* e as *Decúrias*. A função das primeiras era de espionagem e delação em que figuravam notavelmente um protegido de José Bonifácio por nome *Porto-seguro* e o pardo Marcelino, alcunhado o *Miquilina*, famoso cantor de modinhas, que D. Pedro estimava. Nas *Decúrias, garantia da integridade do império e da dinastia dos*

Braganças, a política geral do país constituía o principal motivo de suas reuniões.

A formação do *Apostolado* foi, ao certo, um formidável obstáculo às inclinações do Grande Oriente, mas, à sagacidade de José Bonifácio respondia o gênio ardiloso de Gonçalves Ledo.

Para combater o adversário que se fazia cada vez mais forte, Ledo encontrou ao seu lado a astúcia de José Clemente Pereira, como ele bacharel em leis, e animado por ambições.

José Clemente era português de origem; entrara para a magistratura do Brasil como juiz-de-fora da Praia Grande, e, por aplicado talento, conseguira destacar-se dos seus contemporâneos. Nomeado presidente do Senado da Câmara, durante a regência, a sua política foi matreira e bicolor. Ora português com a confiança da *divisão auxiliadora*; ora nacionalista, com um dos maiores graus maçônicos na loja *União e Tranquilidade*, soube iludir as duas parcialidades até o aniquilamento de uma delas. Depois da expulsão da *auxiliadora*, José Clemente continuou o mesmo processo com republicanos e monarquistas, e chegou ao fim que ambicionava. Apesar dos desmandos da sua administração inicial, dos erros e incorreções de sua vida de homem público, mais tarde prestou relevantes serviços à sua pátria adotiva, serviços tais que mantêm a memória de seu nome na gratidão nacional, contra a bazófia patriótica de muitos dos seus coevos que atrasaram o desenvolvimento material do país com eternas e dissolventes questiúnculas políticas.

Foi esse o companheiro de Ledo.

Se o príncipe era inteligente e violento, se José Bonifácio era sagaz, forte e persuasivo, demais secundado pela inflexibilidade de seu irmão Martim Francisco, os dois aliados não valiam menos em qualidades similares. E um dia o primeiro-ministro foi avisado de que D. Pedro, em sessão maçônica, *cedera* aos dois adversários três folhas de papel em branco com a assinatura imperial!

Imediatamente José Bonifácio correu ao paço, sobressaltado com a imprudência do imperador que entregava, por esse modo, armas bem afiadas às mãos inimigas. A entrevista que o ministro teve foi secreta e demorada, terminando por um pedido de demissão.

Mas isso não bastava. O atilamento do ilustre Bonifácio compreendeu que a união de Ledo com José Clemente era o desenvolvimento de uma nova feição política. O ambicioso republicano da véspera traía o seu partido, bloqueando o governo para entrar nos favores imperiais. Deveria ser esse o plano do mascarado redator do recém-publicado[19] *Correio do Brasil*, não perder o apoio da boa-fé do grupo de Alves Branco e intrometer-se, disfarçadamente, sob o manto do imperador. Para vencer os dois astutos adversários seria preciso levantar todos os obstáculos contra eles, e desta medida incumbiu-se José Mariano de A. Coutinho que convocou o Senado da Câmara a fim de, em nome do povo, enviar ao imperador uma representação pedindo a pronta reintegração de Bonifácio e de Martim Francisco, que o tinha acompanhado.

Propalou-se com rapidez o boato de que os Andradas deixaram o poder *por causa de uma revolução capitaneada* por Ledo, José Clemente e Nóbrega. O povo, guiado pelos partidários dos Andradas, veio para a praça, vozeando desde o Campo de Sant'Ana até o Rocio, onde ficava a casa de José Bonifácio. D. Pedro desceu de São Cristóvão com a imperatriz e seus filhos para testemunhar publicamente o apreço em que tinha seu ex--ministro, mas não o encontrou em casa porque ele se recolhera a uma chácara do arrabalde de Botafogo; deixou a imperatriz e filhos na casa do Rocio e, acompanhado por grande massa de populares, partiu a buscar o velho paulista.

José Bonifácio, perfeitamente informado dos sucessos ocorridos na cidade, voltava acompanhado por numeroso grupo de afeiçoados quando, na altura da Glória, se encontrou com o monarca.

D. Pedro conhecia bem as fraquezas do seu ministro, sabia o quanto ele era sensível às manifestações públicas, e compreendeu que um ostensivo ato de retratação arrebataria os populares e dominaria o homem: atirou-se-lhe aos braços e, dizem, beijou--o nas faces. O entusiasmo explodiu, uma algazarra jubilosa al-

---

19. Foi acrescentado pelo autor "recém-publicado", à margem e em manuscrito.

vorotou as casas daqueles paradisíacos caminhos. Os dois, monarca e ministro, entraram no Rocio entre aclamações triunfais.

Dias depois José Bonifácio mandava abrir devassa sobre a conspiração. O editor responsável do *Correio do Brasil*, João Soares Lisboa foi preso e deportado para o norte. Instaurou-se um processo capcioso contra os maçons da companhia de Ledo e, afinal, após tremendas acusações, Clemente Pereira, Januário Barbosa e Nóbrega foram exilados para a França; Ledo refugiou-se em S. Gonçalo de Niterói, depois voltando à corte conseguiu escapar-se para Buenos Aires, disfarçado em *preta mina*; e, os que não lhe seguiram o exemplo, entraram nas masmorras das fortalezas.

D. Pedro, o Grão-Mestre *Guatimosim*, insinuado por José Bonifácio, mandava terminar os trabalhos do *Grande Oriente*, fechando suas portas; porém antes destes acontecimentos completarem o primeiro aniversário da sua realização, D. Pedro, o Arconte-rei, por vontade mais tirânica que a do seu conselheiro, suspendia para sempre as sessões do *Apostolado*.

Na primeira vez a persuasão de um homem moveu-o, na segunda o amor de uma mulher subjugou-o.

Mas, em ambos os casos, a monarquia triunfava.

VII
GUERRA DA INDEPENDÊNCIA
(Bahia — 1821-1823)

Os acontecimentos do Rio de Janeiro despertaram sérias apreensões na corte de Lisboa e, para garantir a posse do território brasileiro onde ela mais dominava, nomeou o coronel Inácio Luís Madeira de Melo comandante das armas da Bahia.

A junta do governo provisório dessa província havia elevado a tal cargo o coronel brasileiro Manoel Pedro de Freitas Guimarães, mas Luís Madeira apresentou-se como a única autoridade constituída, alegando que a junta não podia desrespeitar a carta régia de D. João VI a quem devia obediência e dar conta dos seus atos.

O resultado dessa segunda nomeação foi a divisão da força armada em dois partidos, o dos brasileiros respeitando a autoridade do coronel Guimarães, o dos portugueses, e esse em maior número, impondo a chefia de Madeira.

À vista disso o senado da Câmara reuniu-se para julgar dos poderes de Madeira, que achou irregulares, deliberando nomear uma junta militar, tendo Luís Madeira direito de escolher dois membros e Guimarães outros dois. Não se conformaram os portugueses com essa deliberação e abriram as válvulas do despeito para dar vazão às picardias e injúrias.

Instantaneamente o fermento dos ódios nacionais fez a sua explosão. As arruaças sanguinolentas, os assaltos por noites trevosas, as ciladas do assassinato, vieram sobressaltar a população baiana. Tão repetidas tornaram-se as provocações e tão brutais as vinganças que, no dia 18 de fevereiro de 1822, os partidários do coronel Guimarães resolveram efetuar um ataque à gente portuguesa, rompendo desde logo as hostilidades.

Luís Madeira, sabendo que os baianos estavam concentrados no forte de S. Pedro, mandou postar sentinelas avançadas naquela direção para algum acometimento dos contrários, mas, no dia seguinte, um grupo de milicianos pardos e pretos saiu a tirotear com os vigias que fugiram acossados. Eram esses escolhidos soldados do batalhão 12, do comando do tenente-coronel Francisco José Pereira, homem corajoso e muito inimigo dos brasileiros. Ofendido com a fuga das sentinelas, reuniu todo o seu batalhão e arremeteu contra os baianos. A fuzilaria inimiga, bem secundada por dois canhões colocados na Piedade, dificultava a marcha do 12, que redobrava de esforços para avançar. A muito custo chegou até o convento das Mercês, mas estonteado pelas descargas e saraivar das balas. Aí apareceu em seu auxílio a divisão lusitana, enquanto outros batalhões portugueses, na calçada da Palma, sustentavam fogo com o 1º. regimento.

A força portuguesa era mais numerosa e melhor armada, portanto, posto a tenaz resistência oferecida pelos nacionais, foi ganhando terreno. O 1º. regimento teve de retroceder e entrincheirar-se no quartel onde foram mortos os que não se apressaram em fugir.

A marcha da *divisão lusitana* assinalou-se por atos de barbaridade. Um major, por nome Serrão, mandou assassinar um pacato brasileiro, antigo professor de latim, depois de ter saqueado sua casa. No convento das religiosas da Lapa a soldadesca bateu à porta com o mais perverso intento. A abadessa Maria Joaquina, compreendendo a iminente profanação do sagrado recolhimento, teve coragem de se apresentar à massa desrespeitosa dos soldados, explicando que não podia, pela sua regra, admitir homem algum no convento, mas estava pronta a dar o dinheiro que houvessem as servas do Senhor; e estendeu-lhes uma bolsa. Mal tinha ela levantado o braço uma baioneta atravessava o seu coração. O terror relampejou, estrugiu no convento.

À gritaria das religiosas, às súplicas das mais fracas, respondiam os soldados com impropérios e infâmias. Acudindo o padre Daniel, suas palavras perderam-se no vociferar da soldadesca que o prostrou ensanguentado, à couce d'armas. A última injúria à sagrada habitação das religiosas seria efetuada se alguns oficiais a isso não se opusessem; mas dali partiram-se os soldados como uma horda de bárbaros, vingando nos indefesos, descuidados homens que encontravam, o rancor dos seus obstados instintos.

Enquanto uma parte dos seus soldados se cobria com o opróbrio de tais façanhas, Luís Madeira apertava o cerco ao forte de S. Pedro, onde se aquartelara a milícia brasileira. Após dois dias de sítio e fogo, o coronel Madeira entrou na praça, na qual encontrou apenas alguns oficiais em companhia do coronel Pedro Guimarães, caindo todos prisioneiros e sendo o coronel remetido para Lisboa.

A vitória dos portugueses estabeleceu a autoridade de Luís Madeira que mandou buscar forças em Portugal, porque a maioria dos nacionais procurava o recôncavo onde poderia formar a resistência. Não tardou que isso acontecesse. O advogado Antônio Rebouças conseguiu com Elesbão Pires de Carvalho e Albuquerque e Miguel Calmon du Pin e Almeida organizar uma junta provisória na vila de Cachoeira, e no dia 25 de junho realizava um *Te Deum* em ação de graças pelo reconhecimento da regência de D. Pedro. Terminada a solenidade, quando a população da vila assistia o desfilar da tropa miliciana que formara para realce das festas, uma canhoneira portuguesa, postada no rio Paraguaçu, rompeu fogo de metralha contra a terra. Não estavam desprevenidos os milicianos, pois, desde que ali chegara o barco de guerra, sua tripulação incomodava os habitantes. Ao fogo de bordo responderam os de terra com nutrida fuzilaria. Durante três dias a luta assim se conservou com pequenos repousos. No dia 28 a resistência nacional tornou-se mais vigorosa e, com uma peça de pequeno calibre, meteu duas balas no costado do barco, na linha ao lume d'água, fazendo ao mesmo tempo uma valente abordagem por todos os lados. Ficou prisioneira a tripulação, ganhando os cachoeirenses algumas peças além de boa munição de guerra.

Já de Portugal chegara uma grande esquadra comandada pelo chefe João Felix, e o governo de D. Pedro, não obtendo de Luís Madeira resolução de se embarcar para o reino com a recompensa de *cem contos de réis metálicos*, porque Madeira, apesar de quase analfabeto, era um militar honradíssimo, contratava com o almirante inglês Lord Cochrane, que se notabilizara na independência do Chile, o comando em chefe e a organização de uma esquadra brasileira, enquanto se preparava um exército entregue à provada capacidade de Pedro Labatut, um dos heróis da emancipação da Venezuela. Também, pela mesma ocasião, o recôncavo da Bahia ganhava o prestigioso concurso do ouvidor de Santo Amaro, Antônio José Duarte de Araújo Gondim; Francisco Gomes Brandão de Montezuma, o redator do *Constitucional* que era publicado na capital da província, seguia a tomar parte na resistência, e outros importantes baianos esqueciam sacrifícios para se libertarem do jugo dos dominadores.

Os lusitanos, apesar da coadjuvação encontrada no comércio dos patrícios, perderam o magnífico ponto estratégico de Itaparica com a desunião do português Antônio de Sousa Lima; que desenvolveu toda a sua atividade em fortalecer a ilha, e de tal maneira executou esta medida que nunca os portugueses lograram pisar suas praias. No entanto, contava Luís Madeira com os novos reforços recebidos de Lisboa, e a grande esquadra composta de 1 nau, 6 fragatas e 13 embarcações menores, dispondo de 494 peças e perto de 5 mil marinheiros. Esta seria para garantir o litoral e a cidade, durante a marcha do seu exército contra o recôncavo. Mas o exército de Labatut, desembarcando em Maceió por causa de um temporal e contratempos piores, que a inveja ou o despeito armaram na expedição sob o comando do chefe De Lamare, descia até Santo Amaro mantendo o melhor possível a disciplina de sua gente. Novos contingentes formados no recôncavo vieram ajuntar-se-lhe, entre eles os *couraças* do carmelita pernambucano José Maria Brayner, solto em 1821, após cinco anos de cárcere a que o levaram os acontecimentos de 1817. A companhia de guerra organizada por Brayner vestia couraças de couro e usava chapéu da mesma matéria; pela coragem de seu chefe salientou-se brilhantemente em todos os feitos dessa campanha a ponto de entusiasmar Pedro Labatut.

O exército pacificador, assim se denominou o comandado pelo ex-chefe dos revolucionários de Venezuela, acampou no engenho dos ricos portugueses Teixeiras, então fugitivos. Nessas terras Labatut encontrou escondido um enorme tesouro que muito serviu para custear algumas despesas da tropa, enviando a maior parte do dinheiro à junta da Cachoeira, constituída em governo provisório da regência do príncipe D. Pedro, com o assentimento de Maragogipe, Inhambupe, Jacobina, Santo Amaro, Camamu, Cairu, Geremoabo, Caravelas e outras vilas.

Chegado às circunvizinhanças do Pirajá, Pedro Labatut dividiu o exército em duas brigadas, a da esquerda, comandada pelo coronel baiano Felisberto Gomes Caldeira, a da direita pelo major comandante do batalhão de Pernambuco, José de Barros Falcão de Lacerda, um dos militares revolucionários de 1817. Essas duas colunas garantiriam a inviolabilidade do recôncavo até a chegada de outros recursos esperados do Rio de Janeiro e de Minas Gerais, contando o general operar de combinação com Lord Cochrane, apertando Luís Madeira entre dois fogos.

O general português sentiu que a linha do recôncavo diminuía o folgado de suas posições e se o governo do príncipe mandasse, *como era de esperar*, uma esquadra para operar na baía embora *insignificante e talvez mal comandada*, seria necessário que seus soldados agissem em bom terreno contra a descida do exército de Labatut. Para garantir o campo de ação, Luís Madeira tentou franquear as colunas de cerco, no dia 8 de novembro.

Pela madrugada desse dia desembarcaram nas praias de Itacaranhas e Plataforma, umas 250 praças escolhidas e ao mesmo tempo em que, ao romper do dia, avançavam para o centro acometiam boas forças por terra. Sendo essas forças descobertas pelas avançadas de Labatut, postadas em Coqueiros e Bate-folhas, romperam fogo que rapidamente se tornou geral. O ponto do Cabrita foi o alvo principal de Madeira e, acometendo-o, conseguiu feliz resultado por sua superioridade numérica. Durante cinco horas o fogo continuou vivíssimo de parte a parte, mas tendo os batalhões lusitanos avançado aceleradamente pela direção de Itacaranhas para cortar a retaguarda dos brasileiros, o major José Barros, que dirigia a ação, mandou recuar os combatentes desse ponto a fim de poupá-los; o corneta encarregado do sinal, que era um português, enganando-se na *ordenança* ou de propósito, deu sinal de avançar cavalaria e de degola. Fez-se confusão na gente de Madeira. Os soldados que iam ganhando terreno, debandaram em correria e Barros Falcão, aproveitando-se da oportunidade, carregou sobre eles, a baioneta. Destroçadas as forças desse ponto não resistiram as de outros; a retirada foi horrível, ficando no campo duzentos mortos lusitanos e nas mãos dos brasileiros um número considerável de feridos e prisioneiros.

Após este insucesso os soldados lusitanos tomaram-se de tanto rancor contra os adversários que, nas escaramuças subsequentes, se apanhavam soldados brasileiros, procediam com a mais espantosa desumanidade.

Labatut, sendo informado de tais fatos, escreveu a Luís Madeira, intimando-o a deixar a Bahia e acrescentou: *"Veio a minha notícia que os vossos soldados esquecidos da religião santa que professamos e que pertence a uma Nação distinta e civilizada, massacram, esfolam e esquartejam os prisioneiros brasileiros, açoitando-os antes cruelmente, por isso igual procedimento ordenei tivessem os meus soldados com os portugueses prisioneiros, o que repugna a filantropia do meu coração, mas é necessário. Vós sabeis que o cruel direito de guerra imperiosamente ordena o da represália. Sede brando, eu o serei igualmente, sede cruel, eu crudelíssimo".*

As armas portuguesas, tão vitoriosas, outrora, entravam num período de adversidades, não obstante o denodo de seus militares.

Uma tentativa por elas realizada contra Itaparica foi desastrosa, devida ao valor do tenente de marinha José das Botas, comandante Lima e major Galvão que aí teve o pulso esmigalhado; outra vez, realizando festejos pelo juramento da Constituição de Portugal, Labatut veio propositalmente perturbá-las com mais outro insucesso. A sua esquadra boiava inútil, porque o chefe João Felix, menos arrojado que o general e do que ele mais infeliz, entrava em desinteligências com os que devia estar de acordo. Por seu lado Madeira acusava o chefe naval, que também o acusava; via-se obrigado a vigiar as pretensões do comandante da divisão lusitana que o detestava, e sobre isso só contava desastres! Não eram melhores as condições de Labatut, o que faz acreditar que a chefia de um exército é assente sobre granadas chamejantes. O comandante do exército pacificador lutava contra uma porção de elementos contrários, muito mais temíveis que as vigilantes linhas do inimigo.

A dificuldade da disciplina, a má vontade de muita gente rica que o atrapalhava até em pequenas medidas militares, o embaraçoso e excessivo zelo da junta da Cachoeira, a moléstia epidêmica que enfraquecia os combatentes, à míngua de recursos pecuniários e, pior que todos estes estorvos, a inveja, a intriga, as inconfessáveis maquinações de muitos de seus oficiais superiores, dificultavam seus planos de guerra, atropelavam seu comando. A inflexibilidade militar do general não cansava em resoluções tomadas, mas por serem ásperas e violentas, aumentavam as antipatias e os despeitos que o assediavam.

Chegando do Rio de Janeiro mais um batalhão de 900 praças, organizado em oito dias, com o nome de *batalhão do imperador*, comandado pelo coronel José Joaquim de Lima e Silva, e um grande contingente de Minas, Labatut formou uma brigada do centro, às ordens desse coronel. Assim preparado, e para facilitar a Cochrane, cuja esquadra devia estar em águas da Bahia, o necessário reconhecimento à força naval de João Felix, o comandante do exército pacificador preparou um simulado combate ao exército de Madeira que, nessas ocasiões, mandava desembarcar gente de bordo e, portanto, desfalcava as tripulações.

O simulacro deu bons efeitos. O regimento dos pardos e os *couraças* de Brayner tiveram as primazias do triunfo. Mas Cochrane, que ainda esperava alguns barcos para sua esquadra, pode apenas reconhecer as posições da esquadra real.

No dia 4 de maio precisando o almirante experimentar o valor do inimigo planejou com o general um outro combate. Assim decidido Labatut fez seguir para Cruz do Cosme, pela estrada do Cabula, o batalhão baiano do major José Antônio da Silva Castro, e a companhia da Paraíba, do comando do capitão Teodoro Barreto André, para S. Gonçalo; partindo para a Conceição o grosso das forças, a cuja testa se achava o general. Empenhado o combate as forças lusitanas mantiveram por muito tempo suas posições, mas viram-se obrigadas a cedê-las diante da temeridade dos adversários. A 1ª. companhia do bravo *batalhão do imperador*, guiada pelo capitão Crisóstomo, da qual fazia parte o tenente Luís Alves de Lima (que foi o grande general

Duque de Caxias) ganhou logo as posições inimigas da Conceição onde a resistência, por aí ter avançado Labatut, tornara-se desesperada. Acompanharam os passos de seus heroicos camaradas a 3ª. companhia do mesmo batalhão, e depois a 2ª. de caçadores de Pernambuco, comandada pelo capitão Corrêa Seara. As três companhias levaram o inimigo até às trincheiras da Lapinha. Os flancos do exército pacificador operavam com a mesma energia que o centro. Por Brotas, o coronel Felisberto Caldeira fazia retroceder a força lusitana para as roças do Oliveira, e pelas margens do rio S. Pedro o major Francisco da Costa Branco levava seus soldados vencedores até aos entrincheiramentos dos campos.

Madeira, que partira para Brotas com ideia de franquear passagem, teve de fazer uma triste retirada porque, frouxeando rédeas ao cavalo, caiu do selim e perdeu o chapéu. Os assaltantes não lhe deram tempo de o procurar e o general entrou na cidade com a cabeça descoberta, à frente de suas tropas batidas.

Lord Cochrane realizou o conhecimento. A sua esquadra compunha-se da nau capitânia *D. Pedro I*, com 74 peças, comandada por Crosby; fragatas *Ipiranga*, de 52 peças, comandante David Jefret; *Niterói* de 42 peças, comandante João Taylor; corvetas *Maria da Glória*, de 32 peças, comandante Teodoro de Beaurepaire; *Liberal*, de 20 peças, comandante Antônio Salema Garção; brigue *Guarani*, de 15 peças, comandante Antônio Joaquim de Castro e brigue-escuna *Real Pedro*, com 10 peças, comandante Justino Xavier de Castro; ao todo 245 bocas de fogo, 7 navios e menos de 3 mil marinheiros.

A infelicidade da esquadra brasileira não era pequena, ainda assim Cochrane colheu brilhante resultado. O almirante tinha planejado uma provocação à esquadra real, organizando a sua divisão na seguinte ordem: nau *D. Pedro I*, capitânia; fragatas *Ipiranga* e *Niterói*, corvetas *Maria da Glória* e *Liberal* e brigue-escuna *Guarani*, navegando por estibordo da linha para repetir os sinais. Cochrane procurou cortar a linha inimiga pelo quarto navio que era a charrua *Príncipe Real*, à popa da nau *D. João VI*, e provocar uma confusão. Às 11 horas da manhã, aproximando-se as duas esquadras, romperam fogo. A luta foi mais nutrida entre a nau *D. Pedro* e o brigue *Real*, cujo comandante Francisco Braga Pereira de Sá mereceu elogios do almirante inimigo pela bravura e proficiência náutica com que se portou.

Os artilheiros do almirante eram maus e a tripulação inexperiente em sua maioria; portanto, Cochrane mudou de tática e concebeu o plano de engajar a esquadra de João Felix na caça sobre ele, porque teria ocasião de conhecer a marcha dos barcos portugueses. Saíram logo, neste afã e com vantagens, as fragatas *Constituição* e *Pérola* e a corveta *Dez de Fevereiro*. Com a aproximação do inimigo, o almirante determinou que seus navios virassem de bordo apenas escurecesse, para atacá-lo por abordagem.

Não se realizou, porém, este plano, pois o temeroso João Félix mandou retroceder a vanguarda, recolhendo-se prudentemente à baía.

A chegada da esquadra de Cochrane, e as notícias da proclamação da independência vieram desiludir o general Madeira e os portugueses que o coadjuvavam na capital.

Contudo o general se dispunha a esgotar todos os recursos para demonstrar a sua fidelidade, embora estivesse, desde o começo da guerra, convencido de que a sua posição seria a de *vítima*.

Por seu lado Labatut de vez a mais atormentado pelas pretensões de seus oficiais que, com tais exemplos corrompiam a disciplina dos subalternos, ativava os preparativos do combate decisivo tendo entrado em acordo com o almirante Cochrane. Mas não chegou a conquistar essa vitória porque, em vésperas de realizar o golpe final, foi avisado de que Felisberto Caldeira tinha combinado a sua deposição. Seguro da veracidade do aviso mandou ordem de prisão ao coronel Felisberto, e, sem o querer, ele dava o alarma contra si próprio. Os oficiais inverteram os papéis; em lugar de prenderem o coronel Felisberto, cercaram o quartel de *Cangurungu* e fizeram Labatut prisioneiro. Depois reunidos em conselho, entregaram o exército ao coronel Lima e Silva que pouco mais fez, porquanto, Luís Madeira sitiado por terra e mar, descoroçoado pelos insucessos, *guerreado também pelos seus oficiais*, sem recursos para custear suas tropas, quase abandonado pelo reino que não tinha dinheiro nem tinha crédito para socorrê-lo, previa o próximo fim da luta com uma pesarosa capitulação ou uma vergonhosa fuga. Esta, ao menos, seria a salvação dos seus soldados. E, para efetuá-la, arranjou 86 embarcações com o necessário para a travessia. Um temor, porém, o assaltava — era o de ser hostilizado na ocasião do embarque. Assim, valeu-se do coronel Manoel da Cunha Menezes para entrar em acordo com o novo comandante do exército pacificador, a fim de obter o consentimento do embarque, mas Joaquim de Lima e Silva enviou-lhe uma comissão com a resposta cabal de que, se quisesse se retirar, propusesse uma capitulação honrosa, do contrário, ele, Lima e Silva, o acossaria por terra e Cochrane o mesmo faria à sua frota.

A resposta desalentaria a outro chefe nas condições de Madeira que não tivesse a sua índole teimosa; porém, esse, nenhum caso fez da ameaça, talvez por vir de um comandante brasileiro, gente cuja *condescendência* não tinha limites.

Na madrugada de 2 de julho de 1823, a frota dos 86 barcos abriu velas para a liberdade do oceano! A cidade acordou em paz e só entregue à pacata população comercial que, à luz franca dessa bela manhã, assistiu a entrada entusiástica do exército pacificador.

Não velejou incólume, como julgaria viajar, o infeliz general português. Cochrane seguiu-lhe nas águas, hostilizando e dando caça à numerosa frota fugitiva. A primeira presa foi o bergantim *Prontidão* com 70 praças do batalhão 12; depois a galera *Leal Portuguesa* com 244 praças do batalhão 5; um navio com 233 praças do batalhão 2; o navio *Pizarro* com 164 da *legião lusitana*; a charrua *Conde de Peniche* com 135 do batalhão 3 e mais um grande número de barcos com gente emigrada.

E assim terminava a guerra da independência na Bahia. Infelizmente não terminou em completo júbilo de seus filhos, porque o aquartelamento do exército, na capital, trouxe tristíssimos dias de crimes com que a rivalidade entre diversos batalhões brasileiros enegreceu a humanitária *condescendência* da madrugada de 2 de julho.

O probo militar, que uma sedição longamente preparada

elevara à chefia do exército, compreendeu, naquele momento, a verdadeira razão do golpe; ele, também, estava sob o troféu das granadas chamejantes. Por sua felicidade, pode se retirar com seus valentes soldados, antes que os heróis do acampamento de Cangurungu retirassem de sua mão a espada do comando, cujo copo brilhante seduzia a muitos como provou o general Labatut em 1824 num conselho de guerra que o absolveu unanimemente.

VIII
CONFEDERAÇÃO DO EQUADOR
(Pernambuco - Ceará - Paraíba — 1824-1825)

Uma parte dos revolucionários de 1817, salva da tempestade das perseguições, voltando à província de Pernambuco, e não obstante o castigo sofrido continuou a alimentar suas aspirações de liberdade até que, após a partida de D. João VI, resolveu fundar em Goiana uma junta provisória de governo, embora hostilizada por Luís do Rego.

Fortalecida pelo ódio que o povo pernambucano conservava sangrando às crueldades desse capitão-general e não menos pelas alvorecentes promessas da regência de D. Pedro já propenso à causa dos brasileiros, a junta não recuou diante das ameaças de Rego que seguiu para Goiana à frente de seus batalhões da *divisão auxiliadora*. Dessa vez, porém, o arrojo do capitão mudou-se em covardia, porque na vergonhosa retirada de seus soldados ele não quis ser dos últimos e se escapou, às pressas, com uma bala no corpo.

Mudada para o Recife a junta provisória, cuja direção se achava confiada a dois antigos revolucionários, Manoel Carvalho Paes de Andrade e Gervásio Pires Ferreira, o *mudo* (assim chamado por ter perdido a fala ou ter se conservado mudo durante o longo tempo de sua prisão em 1817) sofreu logo o golpe da deposição organizado pelo morgado do Cabo, Francisco Paes Barreto.

Gervásio fugiu para o Rio de Janeiro, sendo apanhado na Bahia por Luís Madeira que o prendeu como represália portuguesa à rebeldia brasileira, e Paes de Andrade foi encarcerado na fortaleza do Brum.

O governo de D. Pedro confirmou Paes Barreto na posição em que se colocara, mas assim não entenderam as câmaras do Recife e de Olinda, que o recusaram. A exemplo dessas, outras câmaras municipais foram apoiando a recusa de sorte que, no dia 4 de março, uma contrarrevolução retirou das muralhas do Brum o prisioneiro Paes de Andrade.

Não esperou o morgado do Cabo que seus partidários reagissem porque partiu com sua gente para a Barra Grande, nas Alagoas, onde contava com alguns recursos.

A corte não tentou a sua reposição, fechou os olhos à desobediência, e em seu lugar pôs J. Carlos Mayrinck, antigo secretário de Caetano Pinto. Mas esse, como o primeiro, não era do agrado do povo que o depôs, substituindo-o pelo referido Andrade. A fim de explicar ao imperador semelhantes desobediências foi escolhida uma comissão, que se embarcou para a corte do Império.

Essa comissão lutou muito para conseguir seus fins, porque os viscondes de Maricá e Cairu aconselhavam a D. Pedro que a metesse nas masmorras da Laje *para vindouro ensinamento de rebeldes*, e se não fossem as contrárias opiniões dos marqueses de Queluz e de Caravelas, ela teria de expiar por longo tempo, nas úmidas cavernas da fortaleza, o estupendo crime de pretender falar ao imperador!

Escapou desse castigo mas sofreu um vexame. D. Pedro recebeu-a em audiência. Acabava de atender as pessoas que o tinham procurado, quando o *lembraram* de que a *comissão dos rebeldes* esperava sua hora numa das salas do Paço. Retirou-se o imperador para um aposento vizinho à sala do trono; depois de alguma demora, reapareceu, mas com o vestuário mudado[20]: substituíra a casaca pelo fardão militar com todas as suas condecorações, trazia espada e calçava botas. Subiu ao trono, assentou-se com aspecto arrogante, mandou que o rodeassem os seus *familiares* e deu ordem para que fossem introduzidos na sala os deputados de Pernambuco.

Notaram eles, mal tinham feito os primeiros passos, que havia sorrisos mordazes na companhia imperial, contudo o capitão Quaresma Torreão, na qualidade de relator, animou-se a ler a representação que o imperador ouviu indiferente. Terminada

---

20. Onde anteriormente havia ponto e maiúscula iniciando outra oração, o autor mudou para o sinal de dois pontos, anotado em manuscrito.

a leitura, respondeu-lhes D. Pedro que ele agia como devia, que só tinha feito bem, ao que, com palavras humildes, ia objetar Torreão quando D. Pedro, pondo o indicador nos lábios, deu um terrível — *scio*[21] — e com o olhar chamejante gritou — *Nem mais uma palavra!*

E em humilhadas cortesias[22] saíram os deputados, sentindo estalar nos seus ouvidos as risotas dos *familiares*. Não sabiam ainda os pernambucanos do resultado da comissão quando outra revolução rompeu no Recife. Essa, de agora, não vinha depor presidentes, pretendia a independência da província.

Estavam à sua frente eminentes pernambucanos. Era frei Joaquim do Amor Divino Caneca, um dos prisioneiros de 1817, monge carmelita que se notabilizou por produções literárias, capacidade mental de maior valia pelos conhecimentos de ciências políticas e sociais, e guiador dos acertos da administração revolucionária luminosamente explanados no *Thyphis Pernambucano*, a mais célebre publicação jornalística desse tempo, na qual colaborava João Soares Lisboa que para aí tinha fugido, depois do processo de 1822. Era o mestiço — José da Natividade Saldanha, cujo nome foi uma gloriosa tradição na Universidade de Coimbra; e eram prestimosos brasileiros, dos mais conceituados por seus nomes de família, por suas posições sociais e por suas riquezas.

Para o excitamento dos ânimos, tinham eles se aproveitado das desconfianças que a política dos Andradas levantara nos melhores espíritos da província, dos desgostos provocados pela influência dos *adotivos* na administração pública e, por fim, com vantagem, dos tumultos locais, da indignação despertada pela dissolução da Constituinte.

Os artigos de frei Caneca, a palavra de Natividade e o préstimo de Andrade, conseguiram sublevar os pernambucanos tantas vezes sacrificados pela liberdade!

---

21. Repare-se aqui a grafia inusitada da interjeição que corresponderia a "psiu".
22. Na 2ª. edição estava o substantivo posterior ao adjetivo, "cortesias humilhadas", ordem que o autor inverteu, com sinal manuscrito.

As províncias do Ceará e Paraíba entraram no conchavo revolucionário, proclamando-se no Recife a *Confederação do Equador*.

A direção do exército confederado foi entregue a José Barros Falcão de Lacerda, que voltava com seu batalhão coberto das glórias do Pirajá, assim como para o comando das colunas foram nomeados valentes e escolhidos oficiais, dedicados servidores da pátria e entusiastas republicanos.

Enquanto o exército tomava as suas disposições, a junta do governo proclamava ao país concitando as demais províncias a unirem-se, aceitava provisoriamente a constituição política da Colômbia, ordenava a suspensão do tráfico de escravos, organizava uma bandeira de cor azul-celeste, tendo ao centro um escudo esquartelado amarelo-gema, com uma cruz e uma estrela, ladeado de ramos de cana-de-açúcar e algodoeiro, e num círculo branco, sobre o escudo, as palavras — Religião — Independência — União — Liberdade — e, com os poucos recursos pecuniários de que dispunha, formava uma esquadra sob o comando geral do emigrado português João Guilherme Ratcliff.

Essas medidas eram tomadas com certa facilidade porque as províncias do norte estavam quase desguarnecidas, pois, correndo o boato de que Portugal preparava um enorme exército para combater a independência brasileira, a corte concentrara em seu território neutro todos os elementos de defesa.

Assim, além dos corpos chamados ao Rio de Janeiro, dos preparativos para aumento da esquadra de Lord Cochrane, ativava-se sem descanso e *por todos os meios* as fortificações do litoral da terra fluminense, na parte mais próxima da capital, abandonando-se as províncias aos seus próprios recursos!

Recebida na corte a notícia da revolução pernambucana, o governo, já descansado quanto à *pretendida* invasão portuguesa, fez seguir para o norte, em uma frota, a 3ª. brigada do exército, ao mando do coronel Francisco de Lima e Silva. No dia 18 de agosto chegou a frota à Maceió, desembarcando os batalhões em Jaraguá onde descansaram por nove dias e na madrugada de 28 abalaram para os domínios dos rebeldes confederados. Ao termo de cinco dias de marcha entraram na Barra Grande que era o ponto da junção com as forças de Paes Barreto.

Descansando em Serinhaem e Cabo seguiram as forças em acelerado, porque o comandante recebeu aviso de João Taylor, chefe da expedição naval encarregada do bloqueio do porto, de que o valoroso Barros Falcão e Paes de Andrade estavam fora da capital. À tarde do dia 12 de setembro, o exército de Lima rompia o fogo nos Afogados, por onde entrou para o bairro de Santo Antônio cuja resistência cessou em poucas horas.

Os confederados retiraram-se para Boa Vista onde a coluna de José de Barros se achava.

Para alcançar esse ponto era preciso transpor a ponte que a coluna guardava com boa fuzilaria e duas bocas de fogo. Algumas tentativas fizeram os soldados imperialistas mas, sempre, com desvantagem, porque nem ao meio da ponte conseguiram chegar. A defensiva era tenaz. Enfim, no dia 15, pela espantosa temeridade de um alferes, que foi morto nessa peleja, a força sitiante opôs um desesperado vigor à bravura dos republicanos, levando-os de vencida. Os combates, porém, continuaram renhidos. A bandeira azul celeste da confederação recuava à proporção que o solo ficava juncado de cadáveres. De parte a parte a valentia media-se por ações assombrosas. Mas os confederados tiveram de ceder aos imperiais. Concentraram-se, então, no Recife, de onde foram desalojados ainda uma vez. Restava-lhes a retirada sobre Olinda. Decidiram fazê-la, mas sem o concurso de Paes de Andrade que se refugiou na corveta inglesa *Tweed*. Ao encalço deles correram os imperiais e no dia seguinte a Câmara de Olinda, por três de seus vereadores, pedia a Lima e Silva um armistício para tratar da capitulação. Recusado, como foi, Barros Falcão insistiu no pedido, a que Lima e Silva atendeu estabelecendo a condição preliminar da entrega dos chefes da revolução. O prazo marcado para a resposta extinguiu-se sem que ela chegasse. Então, numa investida, o comandante imperialista invadiu a cidade, mas, improficuamente, porque os republicanos tinham recuado para Goiana.

Lima e Silva, porém, continuou a marcha até o sítio conhecido por *Couro da Anta* onde, em desesperada refrega, morreu heroicamente João Soares Lisboa. Contudo os confederados resistiam por meio de guerrilhas. Lentamente o terreno se lhes escapava. Estavam nas terras dos beneditinos, na *Fazenda do Juiz*, e daí pretendiam marchar para a Missão Velha em caminho do sertão cearense, quando lhes apareceu repentinamente, pela retaguarda, uma força de imperiais levantando a bandeira de parlamentário. Era uma proposta de capitulação. O desânimo aconselhou a maioria a aceitá-la. Por isso, no dia 29 de novembro, as tropas de Lima e Silva recolhiam as armas do dizimado exército confederado e conduziam entre prisioneiros frei Caneca, os majores Emiliano, Agostinho Bezerra e Nicolau Martins Pereira.

Esse último era um bravo moço de vinte e quatro anos, descendente de conceituada família da Paraíba. Em 1822, quando general Avilez se revoltou com a *divisão portuguesa*, foi Nicolau, então inferior nas fileiras da primeira linha, quem afrontando os revoltados se incumbiu de buscar munições nos depósitos do Trem para os brasileiros, ora disfarçado em soldado sentenciado, ora em condutor de carroça d'água onde trazia os cunhetes e a pólvora. Durante a independência fez a guerra contra Luís Madeira, sendo promovido a capitão por atos de bravura.

Ao revés sofrido na *Fazenda do Juiz* corresponderam os insucessos da Paraíba e do Ceará, onde era assassinado barbaramente Tristão de Araripe.

Esperava-se que a corte do Rio, inteirada dos triunfos das suas armas, usasse de clemência para com os presos, posto que a Alçada Militar os tivesse condenado à pena de morte. E a confiança no perdão do monarca de tal maneira se arraigara no espírito público, que se tornaram constantes os boatos da chegada de instruções magnânimas do imperador, talvez despertados pela fuga de alguns responsáveis como Natividade Saldanha, Paes de Andrade e outros.

E nessa expectativa a população passava os dias até que chegou ao Recife o brigadeiro Bento Barroso Pereira que vinha — assim se propalava — substituir o coronel Lima. A demissão do coronel não se realizou, mas o brigadeiro Barroso Pereira, como homem que tem pressa de dar conta de uma missão logo após a sua chegada marcou o dia das primeiras execuções. Foram quatro os que deviam, num só dia, cumprir a pena da Alçada. Bezerra, Bartolomeu, Emiliano e Nicolau desceram as escadas da cadeia, os três primeiros com passos firmes, sobre todos Agostinho Bezerra, o negro, que demonstrava a mais impressionante serenidade; o último porém, apenas pisou o primeiro degrau, empalideceu e caiu em desmaio. Assim foi levado numa carreta para o largo das *Cinco Pontas* onde o amarraram a um poste; seus companheiros perfilaram-se ao lado desse marco e o pelotão descarregou as armas. À primeira descarga nenhum morreu e à segunda um só exalou o suspiro final. Os soldados carregam as armas apressados e atarantadamente. Os lamentos dos feridos são dolorosos e eles imploram que os matem mas não os façam sofrer. O pelotão aproxima-se e cada soldado, indistintamente, o que tem com mais presteza roído o cartucho, atira à queima-roupa, com desespero. Por fim as quatro vítimas estatelam-se de face no chão, crivadas de balas, como se fossem troféus de uma caçada com resistência tremenda ou alvo de tiros de uma força bisonha.

Chegou o dia de frei Caneca.

Eram sabidos e muito simpaticamente comentados os esforços que os eclesiásticos da cidade, como a maioria do clero brasileiro, praticavam para arrancar do imperador D. Pedro o perdão, ou pelo menos a comutação da pena, para o monge carmelita. A ordem dos recoletos da Madre de Deus, a que ele pertencia, empregava neste afinco os melhores recursos de que podia dispor, e também muitos seculares que o estimavam pelas suas nunca desmentidas virtudes concorriam com os melhores ofícios para acordarem a clemência imperial.

Mas o príncipe foi surdo aos insistentes clamores dos religiosos e dos brasileiros; o carmelita era um réu reincidente de lesa-majestade!

No dia 23 de janeiro de 1825 frei Joaquim Caneca desceu as escadas da cadeia. Vinha com o hábito da Madre de Deus. Entre duas fileiras de soldados seguiu até a *Capela do Terço*, em cujo adro estava armado um altar sobre largo estrado junto do qual esperavam, nas suas paramentas de gala, os sacerdotes que o deviam desautorar antes de ser entregue ao baraço. A tropa formou um vasto círculo em frente do adro. O carrasco e seu ajudante retiraram-se da companhia do padecente. Frei Caneca foi recebido pelos padres que o vestiram com as alfaias de celebrante e o colocaram de pé, com a face para a imagem de Cristo. Dois padres subiram ao estrado e genuflexaram, abriram os códices do ato encetaram a cerimônia que os populares acompanhavam surpreendidos pela novidade. Após a leitura do argumento, realizado por um e respondido por outro padre, o ajudante eclesiástico aproximou-se, aspergiu em cruz com água-benta a casula da celebração e despiu-a do padecente. Leram os padres o texto dos códices; o ajudante aspergiu a estola e retirou-a, com oblações de incenso que outro sacerdote, em reverências, turibulou; continuou a leitura cerimonial e foi-lhe retirado, depois de aspergido, o manípulo, e da mesma forma e cordão, a alva sagrada, o manto e o hábito. Então ergueram-se os sacerdotes que iam. Frei Caneca estava desautorado. A sua resignação era imensa e em suas faces, muito claras, que o medo nenhuma só vez empalideceu, pairava a serenidade dos que sonham, a que a brancura de suas cãs fazia resplandecer como uma gloriosa cabeça de santo.

    Terminado o *capítulo* e posto o padecente em trajos mundanos os dois sacerdotes leitores fizeram em passos lentos, uma volta em torno dele e deram a pancada da excomunhão na sua tonsura. Assim feito, um meirinho o vestiu com a alva dos condenados. Foi, por este modo, na brancura simbólica da pureza, que esse grande patriota cujo corpo, agora envolto na túnica do padecimento — branca como a vestidura lanígera do anho católico, digna da sua alma pela imaculada expressão da cor — caminhou entre alas de soldados para o largo das *Cinco Pontas* onde o esperava a forca. Com o passo seguro e o rosto sereno subiu os degraus do patíbulo, mas só, porque o carrasco, muito pálido, com o olhar aterrorizado obstinadamente se negava a acompanhá-lo. Nem castigos, nem propostas o demoveram do juramento que a si fizera de não pôr as mãos profanas naquele santo homem. Chamado o seu ajudante, também esse não cedeu nem mesmo diante da força. Recorreram aos presos da cadeia com promessas de liberdade e nenhum, nenhum houve que se desse a eternos remorsos com a prática de semelhante impiedade! E durante esse tempo, longo que foi, frei Caneca esperou tranquilo o seu martírio. Dir-se-ia que naquele espírito a ideia da Pátria tinha anulado toda a noção do sofrimento físico, e que, para o proteger das sensibilidades do corpo, um ser intangível o amparava, abrindo sobre ele a grandeza protetora das asas transparentes, feitas da irradiação dos halos que circundam a cabeça dos Eleitos.

Diante da repulsa dos carrascos, diante do terror que esse suplício infundiu nos sentenciados aos quais ofereciam a liberdade em troca da execução, não se comoveram os corações de seus juízes! Frei Caneca desceu as escadas da forca e foi entregue aos soldados.

"*Meus amigos não me deixem sofrer muito...*"
Disse ele. Uma descarga cortou-lhe a palavra.

E caiu morto, enquanto o seu espírito alava-se para a imortalidade, dilatando-se no invisível dos espaços, à luz loura do sol americano, sobre a vastidão da terra brasileira.

Nas regiões do Equador tombavam, assassinados pela lei dos vencedores, os corpos daqueles que sonharam com a Pátria livre, e no Rio de Janeiro, em uma das praças da Corte, uma que abria para o mar e[23] ficava fronteira à grandeza da Serra dos Órgãos, armava-se a forca para dar morte a Ratcliff, Pio Methrowich e Silva Loureiro, aprisionados na esquadra republicana da *Confederação*.

Ratcliff era o mais moço dos três. Emigrado de Portugal por causa de uma revolução, valente e generoso, vinha na terra adotiva entregar sua vida pela causa da Liberdade.

Nas muralhas da fortaleza de Santa Cruz, esperando o dia do suplício, sua alma voltava-se à devoção da deusa ideal, e a plangência sonora dos vagalhões, nas horas quietas da tarde, cantava em seus ouvidos o ritmo embalador dos versos que a mão ia escrevendo...

No dia 17 de março de 1825, minutos antes das doze horas, quando o sol no seu triunfo de luz dardeja ouro do operculado azul, o portuense Guilherme Ratcliff, o genovês Pio Methrowich

---

23. A expressão "abria para o mar e" foi acréscimo do autor à margem, em manuscrito.

e o brasileiro Joaquim da Silva Loureiro padeceram morte na forca, erguida no largo da Prainha, por crime de rebelião.

IX
SETE DE ABRIL
(Rio de Janeiro – 1831)

O temperamento irrequieto de D. Pedro não podia se conformar com a idosa ponderação do dedicado José Bonifácio.

O velho paulista, temendo a desunião e anarquia de sua pátria tinha arranjado um trono sem bases, coroado um imperador desatinado e, querendo estabelecer a autonomia nacional, entregara os destinos da nova nação a um estrangeiro!

Em pouco tempo teve José Bonifácio a comprovação de tais erros.

O trêfego príncipe, que alarmava a população fluminense com seus escândalos, esqueceu-se de que trazia na cabeça uma coroa imperial e levou para seu convívio indivíduos que não primavam pela moralidade dos costumes nem mesmo salvando as aparências de camarilheiros. Francisco Gomes da Silva, por alcunha o *Chalaça*, João Carlota que fora moço das cozinhas de D. João VI, o rufião Rocha Pinto e um barbeiro por nome Plácido, todos portugueses, eram os que privavam com o monarca. Portugueses eram os chefes militares e portugueses os serviçais do seu paço. De brasileiros só queria saber D. Pedro quando eles pautavam seu proceder pela servilidade da camarilha ou faziam alarde de lusitanismo.

A política de José Bonifácio, pela tendência nativista de seus irmãos Martim Francisco e Antônio Carlos, procurava afastar D. Pedro do elemento lusitano, mas o imperador que sorrira, por momentos, à ingênua confiança dos brasileiros, não tinha forças para se escapar à influência de seus compatriotas.

Em torno dos Andradas, que se esforçavam por dominar a corte e imprimir na direção do país os sentimentos que os havia reunido, fez-se um assédio combinado entre aspirações diversas mas de intuitos recíprocos. Republicanos e absolutistas deram-se as mãos. Outra força veio aumentar o cerco à política andradina e essa foi a soberania que uma mulher chamada Domitila conseguiu alcançar no espírito do jovem monarca.

Ambiciosa, inteligente e audaz, todo o prestígio de seus encantos femininos foi exercido para a satisfação de seus intentos; e os Andradas, que não eram homens para galanteria cortesã nem imaginavam uma pátria governada pelo desvario dos amores, tiveram de abrir luta com mais esse poderoso inimigo de olhos lindos e maneiras sedutoras.

Não tardou que os sitiantes alçassem pendões de vitória. O primeiro sinal partiu do fechamento do *Apostolado*, seguiu-se-lhe uma impertinente imposição do imperador, depois a indiferença com que ele aceitou a demissão dos três ministros substituindo-os por seus adversários políticos; e, por fim, a incorporação de soldados portugueses, prisioneiros de guerra vindos da Bahia, aos regimentos do Rio de Janeiro.

Esse fato, sobretudo, motivou increpações. Nas colunas do periódico *Sentinela* apareceu violento artigo assinado por um *brasileiro resoluto* que, com indicações pessoais, condenava o estranho procedimento.

Numa tarde de novembro de 1823, precisamente a correspondente ao dia da publicação do referido artigo, dois militares portugueses, sendo um deles o major de artilheria Loureiro Lapa, entraram na botica de David Pamplona, no largo da Carioca, e o espancaram brutalmente.

O espancado, que o fora por engano porquanto de suas mãos jamais saíra colaboração para a *Sentinela*, dirigiu à Assembleia Constituinte uma representação pedindo reparação do *insulto que em sua pessoa o Brasil recebera*, apesar de ser *adotivo*. Mas o partido andradino aproveitou-se do incidente para demonstrar sua aversão à política seguida pelo imperador. Antônio Carlos, com eloquência agitadora, inflama os populares. José Bonifácio acomete os partidários do príncipe com um projeto de abolição dos escravos, quando antes de fazer a independência se negara a atender a essa condição apontada por lord Canning (para a Inglaterra reconhecer a emancipação do Brasil), porque tal medida prejudicaria a colaboração das classes ricas no movimento separatista. O jornal andradino, *O Tamoio*, redigido por Antônio de Vasconcelos Drummond, excede-se na oposição. É um momento crítico, esse, em que se definem os partidos monárquicos, o nacional e o português. Movido por seus melindres nativistas grande massa de povo aflui para as sessões da Assembleia, invade o recinto dela, apupa os partidários do príncipe, prestando ovação aos Andradas. Logo a tropa move-se dos quartéis em marcha para S. Cristóvão e os deputados declaram-se em sessão permanente. Os sucessos prenunciavam uma crise gravíssima. Então Dom Pedro resolveu-se a dar um golpe audacioso — apresentou-se à frente da tropa, cuja maioria era estrangeira, e proclamou que a oposição da Constituinte visava a deposição do monarca e a extinção do exército!

A sagacidade do imperador não era para desprezar e aqueles que, confiados, julgavam ter em suas mãos os cordéis de um títere acordavam-se com os pulsos manietados.

A proclamação do imperador foi recebida com entusiasmo. O interesse e a imponderação fundiram-se numa obediência servil. Assim, sorrindo aos planos que a peninsular imaginação estava arquitetando, tomou a testa de seus batalhões e desceu para a cidade, acompanhado pela *favorita*[24], como ele cavalgando um belo animal fogoso.

À força de armas a Assembleia foi dissolvida, foram presos os Andradas e os *tamoios*, seus partidários; varejadas as habitações dos que não estavam ao alcance da pista policial, e instituído o governo absoluto do imperador.

A dedicação de José Bonifácio teve a recompensa do exílio. No dia 20 de novembro de 1823, oito dias depois desses aconte-

24. Há uma anotação no rodapé, em manuscrito e a lápis: "Diz Drummond, mas não é acreditável que assim fosse". Gonzaga Duque refere-se, provavelmente, à obra clássica de A. M. Vasconcelos Drummond, "Anotações a sua biografia". In: *Annaes da Biblioteca Nacional* (1885-1886), vol. XII. Importante conselheiro do Estado e cronista do Primeiro Império, publicou essas famosas "Anotações", inicialmente, em 1836, na França, na *Biographie Universelle et Portative des Contemporains*. Foi bastante sarcástico em relação à figura da Marquesa de Santos, tratando-a de "Messalina da época". Autores conservadores e monarquistas, como Alberto Rangel, em *D. Pedro I e a Marquesa de Santos* (1916) e *Marginados: anotações às cartas de D. Pedro I a D. Domitila* (1974), criticarão esses pretensos excessos de Drummond.

cimentos, partiam José Bonifácio, Martim Francisco, Antônio Carlos, Belchior Fernandes Pinheiro, José Joaquim da Rocha com seus dois filhos, e Francisco Gomes Brandão de Montezuma (mais tarde Francisco Gê Acayaba de Montezuma, *visconde de Jequitinhonha*) para a terra do desterro, a bordo da charrua *Lucônia*. Levavam suas famílias e levavam uma pensão do Estado, mas, por baixo desta generosidade, escondia-se a trama infernal de entregá-los à vingança de D. Miguel que, em represália à guerra da independência do Brasil, disporia a bel-prazer de suas vidas. Não participou D. Pedro dessa infâmia, porque repeliu com energia as capciosas palavras com que ela lhe fora proposta; existia, porém, pelo sigiloso trato entre o comandante da charrua e a camarilha imperial.

À honestidade do imediato da *Lucônia* e aos bons ofícios de um cônsul francês e do plenipotenciário inglês em Espanha, deveram os exilados a salvação, pois o comandante tudo fez para provocar o encontro da charrua com algum navio da real armada em águas portuguesas, e ainda arribado ao porto de Vigo, onde se deu a interferência do ministro inglês, o traidor marinheiro alimentava o desejo de que os vasos lusitanos, mandados a espreitar a ronceira *Lucônia*, a pudessem capturar.

Enquanto os seis desterrados iam singrando os mares, grande número de homens políticos, considerados infensos a D. Pedro, eram metidos nas prisões da Ilha das Cobras.

Estava D. Pedro desembaraçado dos *andradas* e os *absolutistas* ficavam senhores do país, porque de seus aliados republicanos ninguém mais falava.

Desde esse momento a Nação foi entregue ao saque.

Os rufiões e sacripantes da convivência imperial surgiram ricos; a decência social, que tinha sua égide na virtuosa imperatriz, desapareceu nas humilhações sofridas por D. Leopoldina de Habsburgo com o ostensivo domínio da *favorita*, arvorada em viscondessa, dama nobre e depois marquesa; os títulos nobiliárquicos encheram a corte de caricatural fidalguia; a intriga, a bajulação e o desrespeito; a frascaria, o concubinato, as transações ilícitas e o nepotismo, formaram filas cerradas em guarda de honra ao trono brasileiro. Ninguém se fazia entender porque ninguém queria ouvir. A administração pública era confusa e desbaratada. Uma ordem do *gabinete secreto*, a que o Chalaça presidia nos quartos baixos da Quinta, estava em contradição com outra ordem expedida pela *favorita*, que, por sua vez, se desencontrava com as ordens do governo.

Em menos de três anos foi despendida a soma de três milhões, seiscentos e oitenta e três mil e duzentas libras esterlinas! No gabinete de José Clemente Pereira, que lograra as simpatias do imperador, o ministro Miguel Calmon, falecido marquês de Abrantes, lançou em circulação seis milhões de moedas de cobre e dez milhões de cruzados em notas tomadas por empréstimo ao Banco do Brasil! Pela convenção secreta, adicional ao tratado de 29 de abril de 1825, o império comprometeu-se a pagar a Portugal dois milhões esterlinos, dívida contraída pelo reino em 1823 no intuito de hostilizar a independência, além de seiscentas mil libras dadas a D. João VI a título de indenização de seus bens, palácio e fazenda de Santa Cruz, e isso por *bons ofícios* ingleses, devido a José Bonifácio e D. Pedro não aceitarem a proposta de lord Canning para abolição do tráfico dos negros!

Para a irresponsabilidade de tantos desmandos era necessário não ter o trono contas a dar. E realmente; cinco dias após a dissolução da Constituinte, em 17 de novembro de 1823, Dom Pedro *mandou* proceder a eleição para a nova Assembleia, mas nada se fez; o país não teve representação e até o dia 3 de maio de 1826 permaneceu nesse triste estado de cesarismo, apesar da farsa de um apressado juramento de Constituição, em 1824.

O descalabro estendia-se aos extremos do Brasil. Ao norte os motins, os assassinatos, as manifestações *unitárias* com Portugal, explodiam como sucessão de minas ligadas por incendiada mecha; ao sul, a guerra da independência da província Cisplatina, que D. João VI à força anexara ao império, devorava fabulosas somas e consumia preciosas vidas para um fim desastroso.

Faltaria à completação deste quadro as cores carregadas de uma afronta ao brio nacional, se não houvéssemos memória do caso do almirante Rossin, em 1828, o qual, dentro da baía do Rio de Janeiro, reclamava com os morrões acesos e caronadas prontas,

101

a entrega dos barcos franceses aprisionados no bloqueio do Rio da Prata.

Curvando a cabeça à imposição do almirante francês, quando os representantes da Nação se[25] opunham a que se lhe entregassem os navios reclamados, D. Pedro que, dois anos antes abandonara seu exército à imperícia militar do marquês de Barbacena, nas planícies do sul, provava de modo claro que nenhum laço o prendia a esta *terra estranha*, pois deixava-a esconder a face ruborizada pelo estigma que a dignidade apaga com sangue.

A descida era vertiginosa para o descrédito e para a desonra. Foi com a chegada da princesa Amélia de Leuchtemberg, segunda esposa do imperador (D. Leopoldina falecera em 11[26] de dezembro de 1826) que a terrível descida pareceu estacar. Houve um momento de alívio. Passava o ano de 1829 e os desterrados tinham voltado à pátria.

O imperador cometeu ao marquês de Barbacena, que acabava de negociar na Europa o contrato nupcial da princesa, a responsabilidade de organizar um ministério, no que foi satisfeito com um governo composto de brasileiros natos. Esse, porém, pouco tempo manteve-se no poder.

Um dos primeiros atos do governo Barbacena foi a difícil retirada do Chalaça e Rocha Pinto, a que o imperador aquiesceu depois de enorme relutância. Mas, com os bolsos repletos de avultadas quantias eles partiram para Londres; a *favorita* também *consentira* em mudar-se para S. Paulo, graças à larga distribuição de riquezas e dádivas valiosas. Uma sua filha, que o imperador reconhecera com o título de duquesa, câmara e moradia na Quinta, ainda em vida da primeira imperatriz, seguiu para uma das capitais europeias a fim de educar-se e porque a princesa Amélia se negara a desembarcar enquanto ela estivesse no paço.

Os adoradores do monarca julgavam impedir, por esta maneira, a sua iminente queda.

---

25. O autor inverteu a posição do "se", com indicação manuscrita. Antes estava impresso "opunham-se".
26. O dia foi acrescentado pelo autor à margem, em manuscrito.

Mas, era tarde; a popularidade de D. Pedro decrescia. O povo saíra da indiferença em que jazera por mais de cinco anos. Os tempos mudaram. Evaristo Ferreira da Veiga, filho de um livreiro português e como seu pai também livreiro, espírito sisudamente educado, sem olhar de águia nem grandes ambições de glória, mas honesto e criterioso, fundou um periódico com o título *Aurora Fluminense*, com o qual guiava seus concidadãos pelo aplainado caminho do constitucionalismo. À timidez e cumplicidade dos escritores contemporâneos opunham-se os jornais republicanos *Luz Brasileira* e *Tribuno*, e, com maior calor democrático, o *República* de Antônio Borges da Fonseca.

A oposição reaparecera na Câmara e de vez a vez mais animada.

Em algumas províncias a opinião pública agitava-se em favor da discriminação partidária, estabelecendo seus programas. S. Paulo e Minas eram das mais simpáticas a esta ideia e onde havia melhor combinação de elementos contrários aos governos de camarilhas.

Pensando no sucesso obtido com a jornada de 1822 o imperador partiu para Minas. Iludiu-se, porém, e à sua volta penosas impressões pesar-lhe-iam no espírito aturdido com a indiferença da população mineira.

Um dos fatos que mais o impressionou, foi, em verdade, o das manifestações de pesar pelo assassinato do dr. Libero Badaró, em S. Paulo, que se imputava à gente do governo, manifestações realizadas em Ouro Preto no dia em que D. Pedro ali chegava. À sua entrada os sinos carpiam a finados, pelos declives da velha cidade passavam grupos trajando luto em romaria piedosa, na direção das igrejas preparadas de colgaduras fúnebres para os ofícios sagrados do responso. O monarca achou-se rodeado apenas de alguns indivíduos, cujas posições oficiais os obrigavam a essa visível contrariedade.

Era claro o desprazer da sua presença.

A comentada nova de tão singular recepção célere espalhou-se pela Corte, ferindo o amor-próprio dos lusitanos.

Então, como desafronta do procedimento do povo mineiro, eles preparam uma estrondosa manifestação de apreço ao imperador. No dia 11 de março de 1831, à chegada de D. Pedro às *festas públicas*, preparadas pelos lusitanos, foram anunciadas com foguetes e músicas. À noite brilharam as luminárias nas frontarias das casas de comércio e morada dos portugueses; fogueiras foram queimadas nas praças, houve passeata com charangas e, em muitos lugares, arcos triunfais de folhagem. Essa ruidosa manifestação calou no espírito dos nacionais como uma provocação aviltante.

Na primeira noite grande massa de estudantes e oficiais do exército saiu à rua dando vivas ao Brasil e à Constituição. Na noite seguinte os grupos tinham engrossado e de tal maneira que, ao termo do dia 13, era uma multidão compacta que enchia as ruas e praças.

Apoiados pelo número, os exaltados entraram na prática do despique físico. No Rocio o motim pejou-se de cóleras e estabeleceu-se encarniçada luta. Batidos pelos nacionais os portugueses procuraram entrincheirar-se nas lojas e sobrados, donde atiravam garrafas e descarregavam garruchas. Por longo tempo durou esse estranho combate, que ficou conhecido pelo nome de *noite das garrafadas*, mas os nacionais, feridos e sem armas para resistirem, porque outras não tinham mais que as pedras da praça, deixaram o campo da luta já, agora, perseguidos pelos contrários. O desforço aterrorizou a cidade. Numerosos bandos lusitanos esbordoavam, feriam, insultavam os brasileiros e apedrejavam suas casas. O governo, que devia intervir acalmando os ânimos, prestou apoio à causa estrangeira mandando prender oficiais brasileiros e ameaçando outros nacionais. À vista de tais fatos os deputados fizeram uma enérgica representação ao imperador, exigindo uma reparação à honra nacional gravemente ofendida pela *fúria insensata e sanguinária de homens grosseiros, que se honram de ser vassalos de D. Miguel e súditos de D. Maria II.*

A satisfação dada pelo imperador limitou-se a uma mudança ministerial, realizada no dia 20.

Dir-se-ia que D. Pedro perdera o juízo se fossem ignoradas as causas que o levaram a proceder por essa leviana maneira. E de fato; o moço monarca bem conhecia que a sua maior força, que era o exército, se *nacionalizara* com o desenfreado recrutamento para a guerra da Cisplatina e pela experiência adquirida por seus oficiais brasileiros, elevados a chefes de batalhões; percebia que a Nação, até àquele momento governada como um feudo, sob a vontade de um barão devasso, reanimara suas energias de lutadora e independente; e se, em 1829, ele, D. Pedro, fechara as sessões da Assembleia com o laconismo de um senhor despedindo lacaios, bastaria agora um indiscreto sinal para provocar-lhe a represália. À sua sagacidade não passavam desapreciados tais sintomas e tanto que, por vezes, manifestara aos seus áulicos o desejo de abdicar em seu filho. Demais, os emigrados portugueses, reunidos em Londres a fim de levarem a efeito uma revolução contra a tirania miguelista, insistiam com D. Pedro para tomar a frente das tropas revolucionárias, insistência reforçada pelos pedidos de sua filha, D. Maria II, despeitada com a usurpação praticada por seu tio D. Miguel.

O espírito do imperador oscilava entre Portugal e Brasil. De um lado tinha sua pátria, pela qual não perdera os entusiasmos, oferecendo-lhe os louros de *Libertador* que sua tática militar mais tarde conquistou na gratidão dos portugueses; de outro, este trono das vinte estrelas, dominando o rico território americano cobiçado pelas potências da Europa. Era difícil a escolha.

Mas D. Pedro sentia bater no peito um coração português, inclinou-se para sua pátria. Foi ele quem lançou a luva aos nacionais, sabedor da conspiração que os deputados tramavam. No dia 5 de abril de 1831 o imperador, contrariando a expectativa pública, chamou para o ministério dois homens da sua confiança, malvistos pelos fluminenses.

Desde logo o movimento de forças e a atividade do intendente de polícia, Costa Gavião, descortinaram a gravidade da situação.

Era fato conhecido que os deputados, depois do acontecimento de março, reuniam-se em sessão *secreta* na casa do padre Custódio Dias, deputado mineiro, ou na Maçonaria de Valongo. Nicolau Campos Vergueiro, português de nascimento, era quem presidia essas sessões. Longas e sérias discussões ali foram travadas a respeito da forma republicana que dar-se-ia ao governo quando rebentasse a revolução tramada, mas os homens de 1831 liam pela mesma obscura e reduzida cartilha dos homens de 1822 porque, em sua maioria, eram os mesmos, exceção feita dos mais salientes propugnadores da independência, que então beijavam com maior humildade a mãe que fechara a Constituinte em 1823. Contra a república levantavam-se Vergueiro, Evaristo e Odorico Mendes apegando-se aos tristes exemplos dos países sul-americanos! Decidido que se conservasse a monarquia representada pelo príncipe nascido no Brasil, sob a tutela de uma regência, Odorico Mendes recebeu a incumbência de conquistar a adesão dos mais graduados militares brasileiros. E no dia 6 o movimento precipitado na véspera, à noite, pelo boato de prisão dos chefes, trouxe à cidade um amanhecer anormal.

A câmara estava fechada, os jornais não traziam notícias nem deixavam transparecer receios, mas a desusada carreira de seges e de correios pressagiava a ocasião do rompimento. Rápida correu a notícia de estarem em forma, no Campo de Sant'Ana, dois corpos de artilharia de posição comandados pelo brigadeiro Francisco de Paula Vasconcelos, e da chegada dos granadeiros e caçadores sob as ordens do general Francisco de Lima e Silva. Ondas e ondas de populares afluíram para aquele local e guiados pelos deputados Evaristo, Odorico, Vieira Souto, Carneiro Leão, Alencar, Limpo de Abreu e Custódio Dias, os militares Polidoro Jordão, Miguel de Frias e outros, tomavam armas, organizando batalhões. Uma comissão de três juízes de paz foi a São Cristóvão para notificar ao imperador que o exército e povo, ali reunidos, demonstravam a resistência da Nação contra o seu impatriótico ministério. Esses juízes voltaram, sendo portadores de uma proclamação em que D. Pedro afirmava que o ministério era constitucional, digno da confiança pública e que ele, imperador, estava disposto a tudo fazer *para* o povo e não *pelo* povo.

Não lhes foi possível terminar a leitura da proclamação; os populares, desesperados com seus termos, rasgaram-na, levantando gritos sediciosos. O general Francisco de Lima resolveu enviar outro emissário à Quinta e despachou nesse mister seu ajudante Miguel de Frias Vasconcelos. Às onze horas da noite, ainda não tendo voltado Miguel de Frias, apresentaram-se no Campo muitos oficiais do regimento de artilharia de campanha, aquartelado no paço da Boa Vista. Horas depois apareceu o *batalhão do imperador*, comandado por Manoel da Fonseca Lima, acompanhado do brigadeiro José Joaquim de Lima e Silva.

Dizem que esse corpo fora dispensado pelo monarca, que o aconselhou seguir o partido de seus irmãos de armas, mas há quem afirme também que essa iniciativa foi tomada por seu comandante.

Em todo o caso, D. Pedro não se enganava com a situação que, por violência, provocara. Quis tentar um contragolpe mandando chamar Campos Vergueiro, mas esse não aparecia e as horas corriam. Frias Vasconcelos impacientava-se com a demora e falava em consequências sanguinolentas que o retardamento de uma resposta poderia dar lugar; então D. Pedro decidiu-se. Animou a imperatriz, que chorava, e recolheu-se aos seus aposentos, só e pensativo. Às 3 horas da madrugada do dia 7, reapareceu e não pôde disfarçar as lágrimas percebidas por Frias, a quem entregou o seguinte documento:

"Usando do direito que a Constituição Me Concede, Declaro que Hei mui voluntariamente Abdicado na pessoa de Meu muito Amado e Prezado filho D. Pedro de Alcântara. — Boa Vista, sete de abril de mil oitocentos e trinta e um, décimo da independência do império. PEDRO."

Momentos decorridos e com a data do dia anterior, escreveu o decreto nomeando tutor do seu filho, *o muito probo, honrado e patriótico cidadão José Bonifácio de Andrada e Silva, seu verdadeiro amigo.*

Nesse dia o imperador recolheu-se a bordo da nau inglesa *Werspite* e no dia 13 de abril a corveta inglesa *Volage*, acompanhada da charrua francesa *La Sirene* e outras embarcações, zarpava do porto do Rio de Janeiro, conduzindo D. Pedro, D. Maria II de Portugal, D. Amélia de Leutchtemberg, os Marqueses de Loulé, de Cantagalo, os barões da Saúde, Inhomerim, Sabugal e uma enorme comitiva de criados.

Em terra, havia sete dias, estalavam os foguetes e repicavam os sinos. O bispo D. José Caetano celebrou um *Te-Deum Laudamus* e o povo, em festa, marchando com os soldados, entoava cantos patrióticos.

Uma regência provisória tomou a direção dos negócios

públicos. Em 17 de junho as Câmaras legislativas confirmavam a eleição do brigadeiro Francisco de Lima e Silva, deputado José da Costa Carvalho e João Bráulio Muniz, este substituindo Campos Vergueiro, nos difíceis encargos da regência permanente, a que veio juntar o seu concurso, como ministro da justiça, o célebre padre Diogo Antônio Feijó, que foi a personificação do poderio governativo, domando com mão de ferro os despropósitos subversivos e aferrolhando nas rexas[27] da submissão os ímpetos populares.

---

27. "Rexa" significa, segundo a *Grande Enciclopédia Portuguesa e Brasileira*, "abertura estreita".

X
AS RUSGAS
(1831-1837)

Em seguida à manifestação que reuniu a força e o povo no campo de Sant'Ana, já por alguns chamado, como em 1822, *Campo da Honra*, paisanos e militares deram-se os braços e percorreram em marcha triunfal as ruas da Corte, saudando a Nação.

Ao princípio o entusiasmo desperta a população para os regozijos e folguedos. As passeatas alegram a rústica pobreza da metrópole do império, festivamente repicam os sinos e lagrimejam os foguetes, bandeiras e flâmulas desdobram-se às virações; aparecem lindas colchas de lavradas e preciosas sedas enfeitando as janelas onde, à noite, luzem pingenteadas *serpentinas* de cristal e bronze, candeias triangulares, transparentes com alegorias pintadas.

Há, constantemente, um soar de passos, lembrando derramos de ondas, nas ruas entapizadas de folhagem solta; no ambiente paira o aroma acre da mangueira, evola-se o cheiro morno da canela; rumoreja a cidade em alegrias, as vibrações dos hinos patrióticos ecoam nos caminhos silenciosos dos arrabaldes. As fitas nacionais, verde e amarelo, pendem de milhares de ombros, cruzam-se no peito das fardas, nas abotoeiras dos casacos, no decote das matronas, nos cabelos negros das raparigas. E tanta importância ligou-se a esse distintivo que homens como Evaristo da Veiga, assinalado pela sua moderação e gravidade, questionaram a maneira de compô-la e o lado do busto em que deveria ser posto. Quando faltaram fitas recorreu-se à folhagem de um *croton*, com aquelas cores, usado depois do grito do Ipiranga e a que se deu o nome de *folha da Independência*.

Mas, com o entusiasmo e exaltamento dos patriotas, que ligavam a abdicação do imperador à queda do lusitanismo preponderante, vieram os ásperos epigramas a Portugal, os desacatos a seus filhos, a recrescente animosidade dos nativistas. Então surgiram as arruaças, tendendo a funestos dissídios, até que, no ferver de uma turbulência, um caixeiro português fere mortalmente a um jovem nacional. Serviu o fato de cartel de desafio à rivalidade entre brasileiros e portugueses. Com presteza se organizam os grupos adversários, em cada parcialidade se despertam os ódios. Um grupo nativista obriga o pintor José Leandro, um dos últimos representantes do primitivo florescimento artístico que D. João VI com generosidade enobrecera, a apagar o painel do altar-mor da capela do Paço, porque continha os retratos da *casa real*; as canções populares, que eram saudações pátrias, temperam-se nas sátiras mordazes ao reino d'além-mar; os lusitanos, páter-famílias, coram aos insultos em seus próprios tetos, o desrespeito os humilha, a autoridade paterna vacila diante da animadversão de sua progênie; a populaça emigrada foge conduzida pelo pavor, e, se os passos lhe não apressam a fuga, tomba cadáver à sanha dos desforradores. O medo domina a cidade com uma solidão de deserto. Os que acumularam fortuna ou dispõem de prontos recursos pecuniários embarcam para a Europa, outros procuram o esconderijo do interior. Por todas as ruas as habitações estavam fechadas, guardando corações que estremeciam ao mais leve ruído; o comércio não abria, o trabalho cessou.

De quando por quando, nas ruas desertas, um clamor se levanta ao longe, uiva, cresce, ronca num desvairamento de ódios e ameaças, e um bando passa apedrejando casas, vaiando, brandindo chuços e bordões, aos berros de *mata chumbo! vivam os brasileiros! morram os papeletas!*

Em sessão secreta reuniu-se a Assembleia, a Municipalidade publica editais de posturas provisórias para segurança dos habitantes, as garantias ficam suspensas ao cair da noite, organiza-se um serviço de rondas com magistrados e generais, médicos e advogados, funcionários públicos e negociantes que, voluntariamente, se armam para vigílias, se dispõem aos perigos. Por momentos reaparece a tranquilidade, a vida comercial volta ao seu afã cotidiano, a pobre metrópole perde o aspecto soturno do abandono.

Mas os patriotas pensam em completar a obra de 7 de abril, que não era esta abdicação afetada de voluntariedade, que se não limitava a mudar, precavidamente, a coroa da cabeça de um estouvado moço para a cabeça de uma inconsciente criança. Não fora para tão pouco que seus braços empunharam armas, que seus peitos palpitaram corajosos afrontando a esperada peleja. Quando correram à praça e formaram ao lado da tropa revoltada, quando acolheram com saudações os deputados que tomaram a testa de suas colunas, tinham diante de seus brios o exemplo dos *grandes vencidos* que o martirológio pátrio guardou no Memorial sagrado da sua história.

A ideia da liberdade não se despegara da mente brasileira, apesar das últimas apostasias, como de Gonçalves Ledo vendido ao dinheiro de D. Pedro I, de Costa Carvalho acolhido nos favores dos *moderados* e de todos quantos se iam passando, sorrateiramente, para as comodidades oferecidas em prêmio do apoio a um império amigavelmente partilhado pelos que, a tempo, souberam se reunir no claveiro da coroa. A ideia da liberdade continuava a palpitar na alma do povo, apesar do suplício dos revolucionários da *Confederação do Equador*, das provações sofridas pelos que intentaram se opor à corrente monárquica da independência, da humilhante penúria em que viviam os sonhadores da república. Pelo contrário, se não se asilava no espírito dos homens ambiciosos do mandarinato imperial, encontrava o calor bastante dos entusiasmos da mocidade. Houve tempo em que, na tradicional e velha Coimbra, os estudantes brasileiros fundaram a *Gruta*, sociedade de propaganda republicana, que se tornou célebre pelo crescimento dos nomes que a mantiveram. Entre os seus ardentes consórcios contava-se Honório Hermeto Carneiro Leão, Paulino José Soares de Sousa, Joaquim José Rodrigues Torres, Antônio Pinto Chichorro da Gama e Manoel Vieira Tosta que alcançaram, durante o segundo reinado, proeminentes posições sociais, cobertos de honrarias e aristocratizados por títulos nobiliárquicos.

Agora, no torvelinhar das parcerias, por entre os influxos agitadores dessa época, fundava-se a *Sociedade Federal*, fortalecida pelo concurso dos oficiais do exército, e logo ramificada por S. Paulo, Bahia e Pernambuco. Então para se oporem ao progredimento dessa sociedade, que parecia triunfante, os *moderados* agremiaram-se e lançaram os fundamentos de outra sociedade sob o nome de *Defensora da Independência e do Império*.

A ostensiva defesa prestada à monarquia por este concorrido centro político, a severa compressão com que procurava tolher passos aos adversários, a sua provada preponderância em todas as fontes administrativas do país, instigaram os rancores dos partidários da queda do trono e dos que se conservavam fiéis a D. Pedro I, os quais, como aqueles, sofriam os efeitos centralizadores do poderio da *Defensora*.

Feridos por esta reação os *federais*, popularmente denominados *jurujubas* e também conhecidos pela alcunha de *farroupilhas*, passaram das agressões de seus jornais às hostilidades, concitando ao levante o exaltamento militar que, exceção feita dos seus generais, fazia causa comum com os *patriotas*.

No dia 12 de julho, desse ano 1831, o batalhão 26, aquartelado no morro de S. Bento, insubordina-se e atira sobre as rondas do policiamento. Imediatamente o alarma reboa, os *moderados* e seus bandos correm às armas, uma numerosa força segue para as imediações do quartel e é abafado o levante.

Dois dias depois o batalhão 26 embarca para a Bahia, mas, apenas o navio, que o leva, endireita a proa para rumo norte nas vagas oceânicas, a rebelião relampeja no corpo de polícia e em outros corpos da guarnição. Num momento as ruas e praças enchem-se de insubordinados, com eles confraternizam os populares, a gritaria irrompe de todos os ângulos da cidade, os sinos dobram à rebate, de novo corre a rajada fria do pavor por todas as habitações e, apressadamente, as portas são trancadas, formam-se barricadas por trás das janelas que os grossos ferrolhos sustentam.

Não há direção no movimento, ele sai dos quartéis acendido pela paixão de uma causa que ferve em muitos corações, mas não é orientado e prevenido.

Cada qual, a seu talante, se investe da chefia; este fala em cercar o Paço, onde se acha o *menino imperial*, e corre para lá, capitaneando grupos ameaçadores; aquele cansa em convencer um turbulento bando que a concentração dos rebelados é um plano irredutível; aquel'outro entende que a diversão das forças conseguirá atropelar a resistência, e, nessa confusão de pareceres, cada um faz o que melhor lhe obriga o instinto. O roubo desenfreia-se, o desrespeito assanha-se, os assassinatos levantam o êxodo do pavor.

A força, que não acompanha os revoltosos, reúne-se na praça da Constituição sob as ordens do comandante das armas, José Joaquim de Lima e Silva, mais tarde Visconde de Magé. Enquanto ela se prepara os *farroupilhas* fazem acampamento no Campo de Sant'Ana, num permanente coreto que ali existia do tempo de D. João VI, conhecido pelo nome de *palacete*. Durante três dias a revolta campeia sem estorvos.

A regência é intimada a demitir-se, são decretadas deportações e medidas excessivas que o ardente nativismo julga salvadoras. A regência recebe a *representação* dos revoltosos e fá-la chegar ao conhecimento d'Assembleia que, reunida em sessão secreta no Paço, a devolve por condenada e absurda.

Foi nessa ocasião que entrou para auxiliar a regência, dirigindo os negócios da justiça, o antigo deputado padre Diogo Antônio Feijó, apontado como homem capaz de resistir ao movimento rebelde e vencer a anarquia.

As suas primeiras resoluções foram, realmente, decisivas. Auxiliado pelo general José Manoel de Moraes, o mesmo que servira a Dom Pedro para fechar a Constituinte em 1823, reunido grande número de cidadãos de todas as classes, e a tropa disponível, em pessoa segue a atacar os revoltosos, aos quais domina depois de momentosa luta. Daí começa o trabalho do ministro da justiça, que se duplica em assombrosa atividade. O regímen reacionário é rude. As baixas do exército contam-se aos centos; os presos enchem as praças das fortalezas e os porões das presigangas, o corpo de polícia fica dissolvido e é criado um corpo de *Permanentes*; os *desligamentos* militares sucedem-se com pressura, em que a habilidade rivaliza com a energia; a ditadura aponta aos menores atos dessa inflexível autoridade, não obstante a timidez que ela encontra e que repele, demitindo os que não acompanham a prática despótica de suas medidas.

Ao partir desse momento os jornais republicanos e restauradores redobram de esforços na oposição à regência, ameaçando-a com uma revolução. Os boatos aumentam, e apesar do vigor de ação e da perspicácia do padre Feijó, um contínuo estado de intranquilidade preocupa o governo.

Muito não tarda que, outra vez, se movam as forças para debelar um sanguinolento levante da infanteria de marinha, na Ilha das Cobras. E não se limitam à Corte os pronunciamentos e revoltas. No Pará, o comandante das armas, Soares de Andréa, tem de reagir valentemente contra a sua preparada deposição. Os maranhenses contam, também, o pronunciamento do Campo d'Ourique onde a tropa e populares exigem a deportação de brasileiros adotivos e suspensão da entrada de emigrantes portugueses; por esse pronunciamento é obrigado a sair da província o comandante das armas, e são expulsos os frades *franciscanos*, como havia acontecido, em Pernambuco, aos *terésios* que eram infensos à independência.

Pelos sertões do Ceará o ourives Damasceno ergue a flâmula nativista, à frente de alguns bandos; mas, pior que suas depredações, são os assassinatos e vexames que cometem os assecias restauradores do coronel Pinto Madeira. Esse, mantém-se como caudilho, comandando um exército de três mil homens, bate-se com os legais, invade a vila do Crato, fuzila os adversários, ordena saquear as casas. Em Icó, porém, a sorte de suas armas criminosas baqueia diante do valor dos contrários. Destroçados, desmoralizado seu exército, o coronel procura fugir para o recôncavo, sendo perseguido pelo general Pedro Labatut. Não conseguindo se salvar da tenacidade do ex-comandante do Exército Pacificador, cai prisioneiro dele, é entregue ao presidente do Ceará e morre arcabuzado.

A revolta, que ficou com o nome de *Setembrizada*, estala na capital de Pernambuco, a 4 de setembro. É no seu começo, uma insubordinação de praças contra a oficialidade, o desacato ao general que se apresenta no quartel, depois desdobra-se com gravidade, é o assalto à cidade, o assassinato e o roubo; até que, decorridos dois dias, como estivessem ébrios os soldados que não fugiram com o resultado da pilhagem, uma força de cidadãos, reunidos à milícia de Olinda e Recife, e cinquenta estudantes dos cursos jurídicos acometem os anarquistas. Ao primeiro ímpeto os civis tiveram de recuar, mas cobrando coragem, voltam ao segundo ataque, matando trezentos e "aprisionando grande parte de sublevados. Vencida a *Setembrizada* outra revolta manifesta-se na fortaleza das Cinco Pontas, a que o préstimo de Paes de Andrade, tão ligado aos acontecimentos da província, consegue abafar por meio de nova resistência cívica.

As tentativas de deposição alastram-se como um contágio mórbido. Alagoas e Paraíba não abrem exceções. A Bahia que, antes do movimento de 7 de abril, tinha-se pronunciado contra os absolutistas, ergue-se armada e exigente. E, para o Espírito Santo, estava reservado o contristador espetáculo oferecido pelo batalhão 26 que ali apartou, em viagem. Os soldados insubordinam-se, expulsam o comandante e arremessam-se contra a cidade, donde os moradores fogem espavoridos.

Diogo Feijó continua a resistir com uma pertinácia inigualável que, consolidando a monarquia, de alguma sorte impediu o desmoronar da Nação, onde já agora seria dificílimo outra direção que tivesse o prestígio da unanimidade popular. As finanças estavam em crise gravíssima, o crédito depreciado, os títulos da renda pública entravam numa cotação inquietadora; a alfândega da Corte acusava uma diminuição de dois milhões, o governo inglês exigia a avultada soma de quatro mil contos por prejuízos em navios apresados no Rio da Prata, seguindo o exemplo do almirante francês Rossin, em 1828, e as maquinações restauradoras embaraçavam os ofícios da política externa!

O governo vê-se coagido a lançar mão de medidas anormais, algumas antipáticas por extorsivas, como a da abolição do *corpo de veteranos*, mas, a par de todas as reduções que a antevidência de uma bancarrota aconselha, definem-se procederes dignos de uma imperturbável, exemplar democracia, embora, caindo em flagrante incoerência com a forma de governo adotada, servisse como a umidade ao tempo para minar as bases do edifício monárquico.

A entrada de 1832 não desencastela as apreensões que formam a pesada e tormentosa atmosfera nacional.

As funestas e fatais sequências de 7 de abril, a inquietação indefinida que histeriza o organismo social em um meio de suspeitas, paixões e despeitos, desenvolvem a imponderada *saudade* de um passado melhor. Não se indaga de onde, de que causas provêm esses maléficos resultados; não se procura saber quais os elementos que concorrem para a produção das provações que se sucedem. O efeito aí está, todos o sentem e isto basta à cegueira do descontentamento, ao ardil do despeito, à violência das paixões.

O partido restaurador, pelos patriotas chamado *corcunda*, que se reunia num modesto prédio do morro do Castelo, ganha largas simpatias. Na imprensa ele possui dois órgãos: o *Carijó* e o *Caramuru*, do qual resultou a sua alcunha popular. A sede dos seus conciliábulos é mudada para uma grande casa do largo de São Francisco, sob o disfarçado nome de *Sociedade Militar*. As circunstâncias oferecem-lhe recursos. Sendo preso um jornalista republicano, o redator da *Matraca*, os demais órgãos republicanos fecham as oficinas com temor das perseguições; assim os *caramurus* entram no ardor da pugna política coadjuvados pelos *jurujubas*. Redobra-se a crueza das discussões em que a linguagem excede o processo fundibulário dos pasquins. Andam em todas as bocas boatos alarmantes. Espalha-se que, na loja maçônica do Passeio Público, em sessões secretas tramam contra a forma de governo. Propala-se a existência de reuniões noturnas, para os lados quietos da Praia Formosa, que são concorridas por moços exaltados e populares.

O tempo da intranquilidade volta, mais carregado e assustador pela situação econômica do país.

A sucessão de levantes, de passageiras mas sanguinárias revoltas, ao estímulo das facções políticas, tirou da prática filosofia do povo a irônica designação de *Rusgas*. Era por esta palavra que ele se referia aos movimentos em que toma parte, consoante suas inclinações. Mas, o filosofar do anonimato, que, às vezes, tem sarcasmos de céticos, não lhe traz o cinismo da indiferença; no povo há duas naturezas dessemelhantes que se contrariam. E, portanto, apesar do ridículo que o abuso envolve e o riso caracteriza, ele corre às ruas, vai morrer pela causa que abraça.

Agora é mais uma *rusga* que está iminente. Corre a notícia de que, no dia 7 de abril de 1832, uma rebelião viria terminar a obra dos patriotas. Os festejos comemorativos à saída de D.

Pedro estão em preparo. A população dispõe-se para único divertimento desse tempo, tão angustiado e triste! Às primeiras claridades do dia 3, raros moradores de Botafogo viram aportar à praia uma pequena embarcação. No areal vasto e branco, à hora neblinosa do cantar dos galos, desembarcam uns duzentos homens e alguns oficiais. Em silêncio retiram de bordo dois canhões, formam em pelotões e descem pela estrada do Catete, comandados por Miguel de Frias.

Vinham das fortalezas da barra, onde estavam presos por motins, e, arriscando-se a essa arrojada empresa, deixavam, por conivência com outros oficiais, nas baterias dos muros de onde saíram, as peças assestadas para a cidade.

Já se fizera manhã quando chegaram ao campo de Sant'Ana, e aí, tomando posição defensiva, reunidos a muitos populares que correram de diversos pontos, levantam vivas à *República Federativa*.

Não escaparam à vigilância do padre Feijó os boatos correntes. A infantaria dos *Permanentes* fora entregue ao major Luís Alves de Lima, a força da cavalaria de Minas ao mando do capitão Melo, as quais se achavam de prontidão. Quando chegou ao conhecimento do governo que um numeroso grupo de rebeldes tinha ocupado o *Campo*, imediatamente partiram as forças para atacá-lo, ao passo que se moviam os guardas nacionais das freguesias de São José e Santa Rita. No Rocio a coluna legal dividiu-se, seguindo a infantaria pela rua dos Ciganos, (hoje rua da Constituição) e os cavaleiros entraram pela do Alecrim, desde[28] muitos anos chamada rua do Hospício. Apenas estas forças apontaram às quinas das ruas, os rebeldes dispararam sobre elas seus canhões. O fogo abate morto um soldado.

O corpo do camarada que cai, os ferimentos de mais três que vadiam e procuram amparo, excitam os companheiros das fileiras. Uma descarga corresponde ao desafio da artilharia, e logo, num arremesso simultâneo, as duas armas carregam sobre a gente de Frias.

---

28. Estava "durante" e o autor substituiu por "desde", em anotação manuscrita.

O número dos legais, a valentia da carga desorganizam as linhas dos atiradores republicanos. A confusão os desorienta. Ainda, por instantes, eles pretendem opor-se ao choque bem dirigido, correm a formar pequenos grupos, mas inutilmente, porque o major Alves de Lima manda avançar em nova carga de baionetas; então, apertados entre duas linhas que se ajuntam eriçadas de ferros frios, os que não puderam fugir com seus chefes, caíram mortos ou prisioneiros.

Miguel de Frias refugiou-se na casa do senador Nabuco de Araújo, no Areal, e daí partiu para a América do Norte, donde voltou alguns anos depois. Absolvido por um conselho de guerra continuou no exército em cujo serviço alcançou a farda de brigadeiro que, em 1859, amortalhou seu cadáver, após as distinções obtidas pelo bom desempenho de comissões quer militares, quer civis.

Como em terra o movimento no mar não logrou melhor sucesso. A fortaleza de Santa Cruz abandonou a causa, os revoltosos e Villegaignon capitularam em poucas horas diante dos navios de João Taylor.

Começa, prontamente, a faina das prisões.

Republicanos declarados, cidadãos suspeitos de republicanismo, chefes do partido *Caramuru* ou gente que com eles tratava, foram perseguidos pela polícia. Diogo Feijó resolveu dar um golpe formidável que abateria num só tempo os dois partidos, já aliados como tinham feito em 1823, posto que a aliança daquela época houvesse trazido resultados negativos. O golpe anunciou-se com o processo correcional nos mais truculentos jornalistas da oposição. Por dias as agressões cessaram, os responsáveis viviam em homizio e os partidários sofreavam o entusiasmo subversivo. Na noite de 16, porém, uma falua em cujo bordo se achavam muitos restauradores, chegou mansamente ao costado de fragata *Imperatriz* e, por meio de ordem apócrifa que foi apresentada ao seu comandante, recebeu um contingente de cinquenta marinheiros municiados. Os empreendedores dessa *rusga*, satisfeitos com o resultado de tão arriscada tentativa, largaram da fragata para as silenciosas praias da Glória. O comandante estranhou o caso e o comunicou rapidamente ao governo. Às dez horas, quando já a cidade adormecida deixara a solidão nas estreitas ruas, alumiadas por bruxuleantes candeias de azeite fétido, soam matracas em alarma, rufam tambores em rebate[29]. É um alvoroço. Da penumbra dos portais, da serenidade dos bairros, de todos os cantos tortuosos da metrópole, surgem homens com armas. Pelos postos de guarda os tambores rufam. Habituara-se a população ao desassossego e aos sucessos belicosos para não tremer, como dantes tremia, às ideias sinistras. Por esta ocasião a proa da audaciosa falua crescia para o cais, onde a guarda nacional de S. José recebe-a com nutrido fogo de fuzilaria, respondido de seus bordos.

Entretanto, a defesa do cais é por demais valente para que os restauradores intentem desembarque; retrocedem, virando proa para Niterói, mas em meio da baía foram alcançados e aprisionados. O grosso das tropas, dirigido pelo general Pinto Peixoto, marcha para o Rocio Pequeno que, como se diz, está dominado por sediciosos. Realmente, o estrangeiro hanoveriano, Augusto Honser, que se inculcava barão de Bulow, ali se acha comandando um improvisado batalhão.

Encetado o combate poucas horas resiste o batalhão de Bulow. Se, ao terminar a rusga de Miguel de Frias, o enérgico padre Feijó perseguira tenazmente os adversários do governo, maior opressão exerceu contra os restauradores. Augusto Honser foi apanhado na chácara do cônsul norte-americano Maxwell, escondido numa arca de guardar café; condenado a dez anos de galés pelos tribunais teve a pena comutada em expulsão do território brasileiro; muitos oficiais superiores do exército e armada foram recolhidos às masmorras das fortalezas, pagando com a dureza do trato a cumplicidade na sedição; e, caso gravíssimo, o ministro da justiça acusa José Bonifácio de prestar apoio aos restauradores, armando indivíduos a salário na Quinta da Boa Vista. À tremenda acusação acompanha uma denúncia dada às Câmaras, em que Diogo Feijó pede a remoção do tutor imperial.

---

29. O autor anotou à margem, em manuscrito, "soam matracas em alarma, rufam tambores em rebate", em lugar de "ringem os sinos nos eixos badalando a rebate".

O pedido de Feijó sofre violentíssimo debate na Câmara temporária, contudo passa ao Senado que, depois de veementes discussões, o rejeita por um voto. Imediatamente o ministério pede demissão.

Durante os calorosos debates da Assembleia, grande número de deputados reunia-se na *Chácara da Floresta*, à rua d'Ajuda, onde tinha morada o dr. França Leite. Ali, de acordo com a regência, propunha[30] que essa se demitisse caso a remoção do tutor fosse rejeitada; então, pela magnitude do fato, a Câmara temporária se investiria dos direitos de uma Assembleia Nacional, decretando *nova Constituição que seria votada por aclamação*. Era um golpe d'Estado, cujas consequências apresentavam a forma bigúmea de uma perigosa arma.

Agora, vejamos o que se passou.

Em 30 de julho a Câmara recebia o ofício demissionário da regência e do ministério, quer constituir-se em Assembleia Nacional, não encontra, porém, a necessária unanimidade, porque a complicação e responsabilidade dos resultados intimidam os mais previdentes por serem os mais apegados à monarquia. A demissão da regência não é aceita, envia-se-lhe um pedido de conservação em *nome da pátria e do regímen monárquico*, mas o ministério foi mudado.

Com a retirada de Diogo Feijó os motins reaparecem, as *rusgas* descobrem-se em todos os pontos do país. Por discórdias políticas morre, na Bahia, um oficial do exército que esposara a causa antipática de um irmão; na corte, Evaristo da Veiga recebe traiçoeiro ferimento. Os *farroupilhas* tinham perdido terreno na capital do império, mas os restauradores recrudesceram no desespero dos seus intentos.

Um dia, por uma questão de somenos, os partidários dos *moderados* varejam a *Sociedade Militar*, empastelam as tipografias dos órgãos *caramurus* e, vozeando em desfavor dos Andradas, preparam oportunidade do governo reagir contra a propalada interferência de José Bonifácio nas tramas restauradoras. O Decreto

---

30. O autor substituiu "propunha-se que essa demitisse" por "propunha que essa se demitisse", com indicação manuscrita.

de 14 de dezembro de 1833 suspende o velho Bonifácio do cargo de tutor do adolescente imperador D. Pedro II, passando a exercer essa tutoria o marquês de Itanhaém. José Bonifácio nega-se a deixar suas atribuições e, obstinadamente, procura esquivar-se ao seu sucessor, de sorte que a regência o prende, sendo-lhe dada a ilha de Paquetá por menagem. Levado aos tribunais, recebe a absolvição de seus juízes que, por essa maneira, mitigam a sua honrada velhice, digna de respeito pelo seu glorioso passado, os desgostos de uma ingratidão inexorável. Abandonando para sempre as lutas políticas, passa os últimos dias de sua trabalhosa existência na cidade de Niterói, onde fecha os olhos, no sono do aniquilamento, em 6 de abril de 1838.

A *vindita popular*, arranjada pelos *moderados*, contra os partidários do regresso de D. Pedro I, enfraqueceu-os muitíssimo e em novembro de 1834, quando chegou à Corte a notícia do falecimento daquele imperador, tiveram eles a derradeira desilusão. Desaparecia, com o defensor da liberdade portuguesa, esse partido que não conhecera sacrifícios para os intentados triunfos da sua causa. Mas a crise econômica do Brasil ressurgira mais intensa, a moeda falsa paralisava o comércio, a depreciação da moeda de cobre era assustadora; os *cabanos* de Panelas e Jacuípe, compostos de milhares de fanáticos e assassinos a que os *caramurus* tinham apoiado com recursos pecuniários e armamento, infestavam os sertões de Pernambuco e de Alagoas, mais prejudicando a grave situação financeira; na vila de Tapajós do Pará, o nativismo rancoroso, dos que tantos martírios tinham a vingar, levantava outra revolução, o sangue corria a jorros em Cuiabá, a segurança pública estava ameaçada em Minas Gerais e na Bahia, o Rio Grande do Sul revolucionava-se e, sobre todos esses males, o país enchia-se criminosamente de escravos, zombando da lei contra o tráfico, promulgada em 7 de novembro de 1831.

No meio dessas calamidades Diogo Feijó volta ao governo, não como ministro e sim como regente. Bráulio Muniz tinha cessado de viver, Costa Carvalho (depois visconde de Mont'Alegre) estava licenciado em S. Paulo e Francisco de Lima e Silva guardava o poder supremo. Fez-se uma eleição para a qual concorreram Diogo Feijó e Holanda Cavalcanti. O primeiro foi eleito por maioria de votos em onze províncias contra sete que obteve seu competidor. Em 12 de outubro de 1835 Diogo Feijó prestava juramento de posse, ao mesmo tempo recebia a nomeação de bispo de Mariana, que desinteressadamente rejeitou.

O governo de Feijó por ser, como já dera provas, áspero e impetuoso, tendo, todavia, vigoroso impulso para os problemas econômicos, encontrou-se com tremendos adversários que não compensavam os aplausos das simpatias.

Na Câmara temporária deu de frente com uma oposição sistemática e incomodativa; seus menores atos são julgados com excessiva crítica, suas urgentes medidas contrariadas. O período legislativo escorre inutilmente por dissolventes questiúnculas partidárias e a Câmara é fechada por falta de frequência às sessões de uma necessária prorrogação. Foi, nesse período, que ali apareceram dois audaciosos projetos, caracterizadores da anomalia dessa época — um, do deputado Ferreira França, pretendendo substituir o governo monárquico pelo governo republicano; outro, do deputado Rafael de Carvalho separando a igreja brasileira da romana, ficando o supremo sacerdócio incluído no governo. Não obtiveram votação, mas tornaram-se significativos nesse tempo de lutas sociais, de agitações políticas, de vacilantes convicções.

A regência do padre Diogo Feijó conseguiu, vencendo todos os obstáculos, refrear as correrias e revoltas na capital do império, a sua energia fez-se respeitar, mas a contínua oposição da Câmara, estabelecendo a rivalidade entre o poder legislativo e o poder executivo, desenganara-o dos intentos de pacificador. À índole rústica, agressiva e resoluta do regente, que lhe dava a envergadura de um ditador sem brilho, repugnou a luta desmoralizadora e matreira do poder contra o poder. Em 1837 ele dava a sua demissão, sendo nomeado para o substituir o senador Araújo Lima, depois marquês de Olinda.

Aqui não termina a embaraçosa história desse tempo. Ela continua por acidentado e perigoso caminho, perturbada por inconciliáveis parcerias, pelas agitações das províncias onde rugem os pronunciamentos que a vingança arma ou a aspiração da liberdade levanta, por meândricos entrelaços das intrigas semeadas pela mão esperta dos que ambicionam a direção dos negócios públicos. As *rusgas* tinham passado, desfizeram-se como sombras batidas por uma rajada percuciente, mas na extensão das linhas levantinas crescia a claridade vermelha das revoluções políticas.

XI
OS CABANOS DO PARÁ
(1834-1836)

Esta denominação provém dos bandos de índios, moradores em palhoças e cabanas, rebelados em Pernambuco e Alagoas por espaço de três anos. Também chamaram a essa rebeldia — guerra de Panelas — por ter sido o lugar onde maior número de índios se ajuntou à gente de Vicente Ferreira de Paula, o principal chefe dos cabanos. A repressão desses bandoleiros, que batiam as matas e serras, invadiam engenhos e saqueavam propriedades, custou à província muito dinheiro e não pequeno sacrifício de vidas preciosas. Para se conhecer da força numérica com que contavam os chefes cabanos basta dizer que, durante 9 meses, foram presos 1672 e mortos a bala 2320 índios, não entrando neste número os que pereceram nas florestas por ferimentos, moléstias e fome.

Em março de 1835, o comandante das armas de Pernambuco, José Joaquim Coelho, mandou um forte destacamento comandado[31] pelo major Joaquim José Luís de Sousa que os dominou com tenaz perseguição e estratégia, ambas colaboradas pelas pastorais do bispo de Olinda e afinal por sua presença em Jacuípe, Água Preta e outros pontos, onde se apresentou de báculo e mitra conseguindo, por isso, inflamar a crendice dos selvícolas.

Mas, posto termo à guerra de Panelas, numerosos bandos de cabanos, levados por Vicente de Paula, internaram-se nos ínvios sertões cortados pelo caudaloso Jacuípe e aí fizeram vida nômade. Vicente de Paula transformou-se num quadrilheiro famoso, como Fra Diavolo, na Itália. Houve vezes que o seu valor foi pedido em auxílio dos governos constituídos. Vieira Tosta, o presidente de Pernambuco em 1848, uniu-se-lhe para

---

31. O autor substituiu "uma forte coluna comandada" por "um forte destacamento comandado", à margem e em manuscrito.

bater os revolucionários praieiros e, ainda em 1849, o marquês de Paraná para aniquilar a gente de Pedro Ivo, propôs-lhe aliança que foi aceita. Por fim, talvez por suspeitas de traição, o major Francisco Vítor de Melo Albuquerque prendeu o terrível caudilho, remetendo-o amarrado para o Recife, de onde seguiu para Fernando de Noronha expiando seus crimes por vinte anos. Após esse tempo foi posto em liberdade, da qual não pôde gozar pelo seu péssimo estado de saúde.

Todas as vezes que rebentava uma revolta dava-se-lhe o nome de *cabanada*, acontecendo que, de parte a parte, se nomeavam por esta alcunha desprezível.

A que vamos historiografar não deixa de ter motivos para assim ser designada, pois que grande parte de seus exércitos foi composta de caboclos, índios, mestiços e negros, do interior da província e tristíssima foi a sua duração.

Chegando ao Pará o presidente Bernardo Lobo de Sousa, o partido do cônego Batista Campos, que era a influência política dessas ubérrimas terras, dividiu-se bem cedo em dois grupos — um que seguiu o antigo chefe, outro que aceitou a direção do major Camacram ao lado da autoridade administrativa.

Lobo de Sousa era despótico e grosseiro, de ordinário guiado pelo interesse de seus conselheiros, homem dado a aventuras amorosas e pouco discreto em seus gozos. Nesse tempo, um cidadão por nome Vicente Ferreira Papagaio publicava um jornaleco sob o título *A Sentinela*, e por motivo de uns artiguetes dessa publicação, que pareciam envolver sátira à impotência política do presidente para vencer uma suposta chapa eleitoral de inimigos do governo, apresentada pelo cônego Campos, Lobo de Sousa mandou prender o jornalista.

Vicente Papagaio asilou-se em casa do cônego, donde conseguiu fugir para a fazenda do prestimoso Félix Antônio Clemente Malcher. Furioso com semelhante evasão o presidente inventou um plano de sedição, reuniu forças sob o comando do capitão-tenente Guilherme James Inglis, que partiu a sitiar a fazenda de Malcher, queimou plantações, devastou ranchos, engenhos e, como o proprietário houvesse reagido, trouxe-o preso, quase em trajos menores, manietado e ofendido. O presidente Lobo suspendeu garantias, pôs em vigor a lei marcial para perseguir os adversários, transferindo logo o preso Malcher para bordo da corveta *Bertioga* e daí mudado para o forte do Brum porque a oficialidade marítima o tratava com deferência. Batista de Campos ocultou-se, dispondo-se a uma revolta que planejou com os seus inúmeros partidários, mas não lhe foi possível realizá-la porque morreu em 1º. de janeiro de 1835.

Não desanimaram seus correligionários e amigos. Na noite de 6 para 7 desse mesmo mês, um grupo de paisanos, ajudado pelos recrutas e por parte da tropa, tomou conta do quartel sem encontrar resistência, soltou os presos e invadiu o palácio que estava entregue aos fâmulos. Tocando-se a rebate, os oficiais adversários, que acudiram ao quartel, foram mortos e também mortos o comandante das armas Silva Santiago, o capitão-tenente Inglis à porta de uma casa suspeita, e o presidente Lobo quando voltava de seus regabofes noturnos.

Resultou desse sanguinário motim a aclamação de Clemente Malcher para presidente da província, sob pretexto de só respeitar a declaração da maioridade do Sr. D. Pedro II.

A ponderação do presidente aclamado fê-lo proclamar aos paraenses, em termos conciliadores, pedindo-lhes trocassem as armas por instrumentos agrícolas, voltassem aos seus labores e, pelo trabalho e paz, procurassem engrandecer a província. Essas palavras despertavam a confiança dos proprietários e laboriosos nos resultados benéficos do sangrento motim. Mas, ainda não tinham turgido os primeiros frutos da nova administração pública, talvez, fomentadora de nova era e de nobres aspirações, e já os dissídios se manifestavam violentos.

Francisco Vinagre, um *seringueiro*, tenente da guarda nacional, elevado por Malcher ao alto cargo de comandante das armas, entrou em desinteligência com o presidente formando um partido de oposição aos seus atos até que, constando a Malcher ter o comandante das armas recebido dinheiro para dar escápula ao major Camacram e mandando prender os cúmplices da tramoia, as hostilidades romperam as barreiras das conveniências.

As armas foram as deliberadoras da contenda. A luta prolongou-se, sangrentamente, do dia 19 de fevereiro ao dia 2 de março, em que Malcher, se entregou prisioneiro à esquadra. E essa mesma esquadra que estivera de estopins acesos para garantir a sua aclamação no dia 7 de janeiro, essa mesma esquadra que o recebera prisioneiro do presidente Lobo e fora repreendida por tratá-lo como se lhe devia por sua condição de homem rico e respeitado, não trepidou em o entregar à sanha dos inimigos que, depois de o fuzilarem, cortaram as orelhas ao seu cadáver e assim o enviaram à sua família.

Francisco Vinagre estava ditador. A contrarrevolução *vinagrista* alarmou ainda mais o governo central do Brasil.

Do Maranhão saíram a fragata *Imperatriz*, comandada pelo capitão-tenente Pedro da Cunha, e o paquete *Constança*, armado em guerra, levando praças e munições bélicas.

Durante dias houve troca de ofícios entre o comandante Cunha e Francisco Vinagre, mas, indo este a bordo, garantiu ao chefe naval que deporia o governo nas mãos do vice-presidente legal Custódio Corrêa. Animado pela promessa Pedro da Cunha manda buscar em Cametá o deputado Ângelo Custódio Corrêa que, a muito custo, conseguiu escapar das emboscadas contra ele preparadas por Vinagre.

Compreendeu o comandante naval que não podia garantir a vida de Custódio senão a bordo da sua esquadra e que deveria abrir hostilidades para alquebrar o ânimo do presidente intruso, cujo arrojo chegara a lhe mandar uma intimação para que deixasse o porto do Pará! E, para tanto, preparou uma coluna de 500 homens, ao mando do major Ayres Carneiro, seguindo duas divisões guiadas pelos tenentes de marinha Elisiário dos Santos (depois Barão de Angra) e Fernando da Veiga, que desembarcam e sustentam por longo tempo vivo fogo, sem o menor auxílio do major Carneiro, aturdido pelo medo. O toque de retirada foi quase inútil porque a maioria dos atacantes não o esperou e já corria para bordo quando as duas divisões, debaixo de bala e muito dizimadas, procuravam em boa ordem livrar-se do inimigo.

Dias depois, em 1º. de junho, chegaram do Rio de Janeiro o reforço dos navios do chefe de divisão João Taylor, navios mal tripulados, e algumas praças de linha à disposição do novo presidente e comandante das armas marechal Manoel Jorge Rodrigues.

Quis o ditador Francisco Vinagre usar do mesmo estratagema que pusera em prática com Pedro da Cunha, mas João Taylor não lhe deu oportunidade, fazendo logo um desembarque e apoderando-se da capital, sem derramamento de sangue. À vista desse inesperado golpe, grandes emigrações de *vinagristas* destinaram-se a Acará, onde Antônio Vinagre, irmão do ditador, tinha um forte exército, muito armamento, 11 peças de calibre 1 a 6, e munições de guerra. Enquanto o irmão preparava-se no Acará, Francisco Vinagre e outro irmão seu por nome Raimundo, que ele fizera comandante do corpo de *Permanentes* de Belém, tramavam contra o governo do marechal Rodrigues, mal aceito na província por ser brasileiro adotivo ou *bicudo*, como designavam os portugueses da independência.

Propalando-se, insistentemente, a notícia de que os *vinagristas* preparavam outra revolução e armavam cabanos, o marechal prendeu Francisco Vinagre e duzentos partidários dele, mandando-os para bordo.

A prisão dos *vinagristas* da capital exaltou os ânimos de seus partidários do interior. Antônio Vinagre escreveu ao marechal pedindo soltasse o irmão, em caso contrário marcharia com seu exército contra Belém. E, não obtendo resposta, invadiu a Vila da Vigia, que era governista, matando muitos habitantes; seguindo, depois, em direção à de Nazaré.

Estas notícias trouxeram ao Pará um novo estado de terror. Por diversas vezes correu o alarmante boato de que Antônio Vinagre atacaria a capital, chegando, em uma dessas vezes, a efetuar-se um desembarque das guarnições portuguesa e inglesa que aí estavam, em vasos de suas nações para protegerem seus súditos. Não foram enganosos os boatos. No dia 14 de agosto o povo da campina, que cerca a capital, levantou-se a correr e a gritar pela cidade adentro, afirmando que os rebeldes já estavam nas vizinhanças. O alarme foi medonho.

As guarnições dos navios de guerra desembarcaram, às pressas; dos dois navios estrangeiros largaram os escaleres e outras embarcações trazendo marinheiros de armas embaladas e patronas cheias. No tumulto do sinal, gritos de — *salve-se quem puder!* — aterrorizavam as mulheres, as crianças e os velhos trôpegos. Em um momento o palácio ficou repleto de amedrontados surgidos de todos os cantos, alguns quase nus, outros aflitos pela sorte dos parentes que não apareciam. Pelas ruas rufavam tambores; choques de armas preparadas soavam com o ruído seco dos primeiros golpes de combate.

Ao encontro dos rebeldes partiram 30 praças comandadas pelo capitão de fragata Guilherme Eyre, que os foi encontrar dentro da cidade, tomando posição de mosqueteiros nas habitações limítrofes. Já uma outra força ao mando do capitão de fragata Jorge Masson respondia ao tiroteio dos contrários. O comandante Eyre cai gravemente ferido, e momentos depois com ferimentos mortais, cambaleiam e estatelam-se o 1º. tenente Roberto Morphy e o capitão ajudante do presidente, de quem era filho, Jerônimo Herculano Rodrigues.

As guarnições inglesa e portuguesa procuravam sustentar o vigoroso fogo e conter as investidas do inimigo, mas retrocedem com avultados prejuízos e embarcam para bordo donde não mais saíram. Os combates sucedem-se, sem interrupção, pelos dias 15, 16 e 17. No dia 22 o estado da cidade era desesperador. Em palácio atropelavam-se mais de mil crianças e mulheres, bocas que imploravam, olhos que choravam; havia escassez de gêneros, a fome ameaçava. O chefe Taylor desanimou, não tinha recursos; os voluntários acobardavam-se, escondiam-se, bandeavam-se com o inimigo.

E os invasores dominavam todas as posições, tomavam as casas, saqueavam os armazéns, assassinavam os cidadãos. Nessa emergência o marechal Rodrigues pensou em um único recurso — refugiar-se a bordo da esquadra, levando os que o pudessem acompanhar.

Fez-se[32] então um embarque horrível, sob o fogo vivo dos *vinagristas*. As balas choviam sobre as cabecinhas das crianças, zumbiam aos ouvidos das mãos apavoradas. Velhos que man-

---

32. O autor alterou, com indicação manuscrita, o tempo verbal da oração, trocando "Faz-se" por "Fez-se".

quejavam, transidos de horror, batiam de face no chão varados pelo chumbo dos mosquetes. A artilharia naval cobria a retirada dos infelizes, mas ao ronco de suas canhonadas os dominadores da terra respondiam com o estampido de suas peças. Para mais de trezentos cadáveres juncavam as ruas da cidade. Os rebeldes ficaram senhores da capital e de muitos e importantes pontos da província, excetuando Cametá[33] em que sempre foram batidos, e Marajó que a desmantelada esquadra defendia.

Antônio Vinagre receando pela sorte do irmão que, realmente, correra risco se não fosse a energia de Taylor e as promessas do marechal, pois muitos dos refugiados tinham já preparado uma verga para o enforcar, mandou um português parlamentar com o presidente banido.

Apanhando-o a bordo, o marechal fá-lo seguir para a corveta portuguesa *Elisa*, cujo comandante mandou aplicar-lhe duas dúzias de palma toadas, levando-o em companhia de outros à justiça do reino, donde foram degredados para Moçambique.

Assim ofendidos, deliberaram Antônio Vinagre e o cearense Eduardo Nogueira Angelim, então um dos chefes de maior prestígio, tomar Marajó que fornecia de gado e água à esquadra, isso conseguindo após combate.

Marajó ofereceu aos rebeldes o poderio sobre o Amazonas. Na capital uma junta governativa, a que parece não ter sido estranho o conselho do bispo D. Romualdo e na qual eram acatadas as inteligentes opiniões do inculto padre Casimiro José de Sousa, resolveu proclamar a república no Pará, escolhendo para distintivo de sua bandeira as cores verde e vermelha entre as quais figurava um tapuia armado de arco e flecha[34]. Ainda uma vez as ambições dividiram, subdividiram os rebeldes. O ódio de raça os animava. Agora, mais do que nunca, não se

33. Aparentemente, o autor pretendia eliminar "em que sempre foram batidos" e "que a desmantelada esquadra defendia", riscados a lápis.
34. Estão assinalados a lápis, possivelmente como trechos a serem eliminados, de "a que parece" até "Casimiro José de Souza", e "entre as quais figurava um tapuia armado de arco e flecha".

entendiam. Decidiam todas as questões à faca e garrucha; viviam em correrias pelo interior até o Amazonas e as boas munições bélicas, por eles tomadas ao assalto do brigue inglês *Clio* que encalhara em Salinas e as conduzia para os legais, estavam esperdiçadas pelos[35] bandos devastadores que se agrupavam em torno de alguns caudilhos. A dissipação das munições fez-se sentir e, com ela, a falta de gêneros alimentícios. Não havia administração pública que as pudesse prever nem remediar. A forma republicana não foi tomada a sério pela ignorância da maioria dos chefes e pelo insignificante prestígio de seus idealizadores. De mais, um inimigo terrível apresentou-se na cidade, a epidemia das bexigas, mais daninho que o escorbuto grassando na inútil esquadra.

As províncias do norte faziam verdadeiros esforços para o socorro dos legalistas paraenses. A do Maranhão mandava dinheiro e organizou contingentes de tropas. O padre José Martiniano de Alencar, presidente do Ceará, formou uma força expedicionária dirigida por um sobrinho seu, por não ter um filho que marchasse à frente dela, disse ele. Em Pernambuco, o presidente Francisco de Paula Cavalcanti de Albuquerque confiou uma coluna de 500 homens ao vencedor dos cabanos de Panelas, major José Luís de Sousa e fez sair uma pequena esquadra ao mando do capitão de fragata Bartolomeu Haydem.

Da Corte partiram o brigadeiro Francisco Soares de Andréa, presidente e comandante das armas nomeado para o Pará que deveria aumentar seus batalhões com os reforços da Bahia, e o capitão de fragata Frederico Mariath, comandando uma esquadra de que faziam parte os 1os. tenentes Francisco Manoel Barroso (mais tarde barão do Amazonas pela vitória do Riachuelo, na guerra do Paraguai)[36] e Joaquim Marques Lisboa, o venerando marquês de Tamandaré.

No dia 11 de abril de 1836 chegou a expedição da Corte e no dia 19 o brigadeiro Andréa encetou as operações de guerra, estabelecendo seu quartel-general na Ilha de Uarapirangas.

35. O autor substituiu à margem, em manuscrito, "nos" por "pelos".
36. Aparentemente, o autor pretendia eliminar de "que deveria" até "Bahia" e o trecho que se inicia com "de que faziam parte" até "Paraguai", assinalados a lápis.

Descoroçoados os rebeldes com a impossibilidade de uma eficaz resistência, o general dos cabanos, Eduardo Angelim, e o bispo Dom Romualdo enviaram ao brigadeiro Andréa um parlamentário para negociar a deposição das armas em troca de anistia. O brigadeiro respondeu que não tinha direitos para tanto, mas dava a sua palavra que respeitá-los-ia até que o governo do Rio lha concedesse. A resposta não satisfez aos cabanos. E enquanto os dias se passavam em projetos, discussões e propostas, Soares de Andréa punha em sítio a capital, dividia a esquadra em esquadrilhas de operações para diversos pontos e, afinal, entrou incruentamente na cidade de Belém. Daí fez marchar forças expedicionárias para o interior, uma das quais aprisionou o sanguinário cabano tenente-coronel Manoel Joaquim Pereira Feio, autor do fuzilamento de oitenta legais, a que assistiu assentado num banco, fazendo-os matar um por um, e autor do bárbaro assassinato dos filhos da viúva Pantoja, que ele próprio os prendeu numa palhoça, mandando depois incendiá-la[37].

O brigadeiro Andréa foi violento e cruel na perseguição aos cabanos, não lhes dava quartel, agia com uma impetuosidade devastadora. As esquadrilhas, por sua ordem, bombardeavam os

---

37. O autor anotou à margem, em manuscrito: "retocar de acordo com a p. 166 da 1ª. edição". Reproduzimos a referida página, cuja narrativa, como se vê, está mais detalhada:
"O brigadeiro respondeu que não tinha direitos para concedê-la, mas dava a sua palavra que respeitá-los-ia até que o governo do Rio lha concedesse. A resposta não satisfez aos cabanos. Então o bispo sugeriu-lhes a ideia da mudança de acampamento sob a bandeira inglesa, o que foi levado ao conhecimento do brigadeiro que, imediatamente, mandou dizer-lhes ser repugnante essa ideia, pois brasileiros não necessitavam da misericórdia de bandeiras estrangeiras, e ele, Andréa, posto que nascido na Europa, era descendente de brasileiros e vivendo no Brasil desde criança só conhecia a soberania deste país que ele amava estremecidamente e pelo qual faria todos os sacrifícios.
Foi, todavia, impossível um acordo entre rebeldes e legais.
Neste entremente, Soares de Andréa estabeleceu o sítio à capital, dividiu a esquadra em esquadrilhas de operações para diversos pontos e por fim entrou, incruentamente, em Belém. Daí fez marchar forças expedicionárias para o interior, uma das quais

acampamentos rebeldes, assolando-os. A que estava sob o comando do 1º. tenente Luís Sabino, da escuna *Dona Francisca*, chegou até Ourém apavorando o inimigo. Aí o tenente foi assassinado em uma cilada, e sua guarnição, desesperada com a morte do comandante, fez uma impiedosa carnificina.

As forças de Andréa chegaram até Acará, o mais forte dos últimos redutos dos cabanos. Em longo combate, horroroso para as duas partes, Eduardo é ferido e escapa-se para as matas, mas os legais o perseguem, batem o sertão, trucidam os rebeldes debandados e conseguem pôr mão sobre o chefe.

Estava subjugada a revolução. Desse exército numeroso dos cabanos, duas vezes vencedor, não restavam senão famintos e aterrorizados bandos, acossados e fuzilados pelas forças imperiais.

Antônio e Raimundo Vinagre morreram, outros caudilhos desapareceram e outros foram aprisionados.

Em 4 de abril de 1837 chegavam à Corte, conduzidos a bordo da escuna *Brasília*, Francisco Pedro Vinagre e Eduardo Nogueira Angelim, que foram condenados a dez anos de trabalhos no presídio de Fernando de Noronha[38].

---

aprisionou o sanguinário cabana tenente-coronel Manoel Joaquim Pereira Feio, autor do fuzilamento de oitenta legais, a que assistiu assentado num banco, fazendo-os matar um por um, e autor do bárbaro assassinato dos filhos da viúva Pantoja, que ele próprio prendeu-os numa palhoça, mandando depois incendiá-la."

38. Neste capítulo, nota-se certa "moderação" dos recursos de dramatização do relato, se comparado com outros, como, por exemplo, Inconfidência Mineira, Revolução de 1817, Confederação do Equador, Guerra dos Farrapos e a própria Proclamação da República. Tendo sido a guerra social mais prolongada e de efeitos mais devastadores na história do século XIX — seja por sua amplitude territorial, número de mortos e fatos como a tomada do poder e a instalação de governo revolucionário em plena capital da província do Pará — a Cabanagem amazônica, por seu caráter menos orgânico enquanto movimento "protorrepublicano", menos cabível num formato de luta política ou civil, e cuja violência explodia em confrontos étnicos e de classe mais vastos, não se prestasse tanto, talvez, à construção histórica que preside a narrativa do livro.

XII
A SABINADA
(Bahia — 1837-1838)

Os artigos do *Investigador*, jornal fundado na capital da Bahia pelo médico Francisco Sabino Alves da Rocha Vieira, levantaram uma vigorosa oposição à política da regência e ao governo provincial, defendendo em calorosos períodos a utilidade do regímen republicano.

Contra o *Investigador* ergueram-se amigos do governo, ergueram-se oficiosos que visavam bons empregos e instrumentos do partidarismo, comprados à custa dos cofres públicos.

Um desses, famigerado editor do *Jornal do Commercio* daquela cidade, homem que não media o alcance da calúnia nem conhecia limites para as invectivas, tendo-se armado paladino do governo provincial, que o pagava, caiu em guarda aos golpes da pena lutadora do Dr. Sabino, respondendo com doestos e mentiras, ofensivas à honra do adversário, o ataque que ele fazia de modo franco e consoante sua convicção.

À rudeza ferina das respostas teve o Dr. Sabino de retorquir com violências, mas a desenvoltura de linguagem do contendor, aliada à sua palrice intrigante e caluniosa, obrigaram o caritativo médico a uma desforço físico, que a covardia do ofensor não soube repelir.

Então, por meios enganosos, arrastou em sua defesa um irmão, alferes de linha, moço estouvado no proceder e desjuizado nos conceitos.

Um dia, em plena rua, o alferes, armado de chicote, investiu contra o Dr. Sabino. Infamado pela arma com que fora agredido o jornalista baiano tirou do bolso um bisturi e, num gesto rápido, enquanto se livrava do assalto, com ele feriu mortalmente o alferes.

Por este fato foi levado ao tribunal do júri e unanimemente absolvido.

Não esmoreceu, porém, o Dr. Sabino na propaganda de

suas ideias; tinha muita fé política e amor a sua pátria para fugir aos perigos a que o expunha sua nobre missão.

A direção do Brasil, entregue a uma regência que elaborava nos mesmos erros motivadores da queda do primeiro imperador, exigia dedicações dos bons e ilustrados patriotas. Assim o Dr. Sabino Vieira não podia recuar nesse momento, quando já suas ideias eram aceitas e ele sentia a seu lado partidários decididos para a luta em campo aberto.

Por todo o país, convulsionado pelos interesses da política, corria um tremor revolucionário, indefinido nos seus fins, mas levantado das agitações da Corte.

Lentamente, esse quente e penetrante sopro foi se desenvolvendo numa impetuosa corrente sublevadora que, bem depressa, se reconheceu vir do foco político dos dois Andradas, Antônio Carlos e Martim Francisco, ardentes partidários da inconstitucional maioridade do Sr. D. Pedro II.

Na capital da Bahia os partidários da maioridade precisavam de um elemento de resistência e esse só poderia ser o dr. Sabino; procuraram captar o seu concurso, no que foram satisfeitos, porque o propagandista republicano pensou em se aproveitar da oportunidade para levar avante sua ideia. Ser-lhe-ia fácil, na realidade, uma vez convulsionada a província, guiar o movimento para uma verdadeira revolução política. Deu as mãos aos partidários da maioridade e, nos primeiros dias de outubro de 1837, apareceram na Bahia proclamações sediciosas. Pouco depois, em 7 de novembro, ao cair da noite, constou pela cidade que a guarnição da fortaleza de S. Pedro tinha-se sublevado. O governador Sousa Paraíso mandou chamar, imediatamente, o comandante das armas, coronel Luís da França Garcez a fim de combinarem a reação. Pela manhã seguinte o coronel tomando a testa de algumas companhias de linha segue em direção ao forte, em cuja vizinhança dá a voz de alto. Daí manda um parlamentário entender-se com os revoltosos, aos quais intima a deposição das armas. Nessa ocasião, antes mesmo do emissário voltar com a resposta, os soldados de França Garcez desertam das fileiras, bandeiam-se com o adversário, deixando o comandante aturdido de vexame e pasmado de surpresa. A primeira partida estava ganha.

Encorajados pelo bom êxito da empresa saíram a tomar conta do largo do palácio. Apenas teve notícia dessa marcha o governador de mais nada cuidou, correu para bordo de uma vaso de guerra donde partiu para o recôncavo, sempre seguido pelo comandante Garcez. A fuga das principais autoridades da província entregou aos revoltosos a posse da capital. Reunidos os chefes do movimento e resolvidas as medidas urgentes é nomeado um diretório, para o qual foi eleito presidente, Inocência da Rocha Galvão, que se achava ausente nos Estados Unidos, e secretário o dr. Sabino Vieira. No dia 11 do mesmo mês, o vice-presidente João Carneiro da Silva Rego reúne a Câmara e declara que a Bahia ficaria independente até a maioridade do Sr. D. Pedro II.

Na eleição houve o firme propósito de arredar o dr. Sabino da direção da revolta, mas, de tanta habilidade ele dispunha que a interferência dos mais ricos cidadãos, com que os rebeldes deviam contar, não pôde anular a sua influência. A sua colocação no diretório, embora como secretário, era uma garantia para seu partido e nenhum dos escolhidos membros desse governo eximiu-se de atender aos seus pareceres. Em pouco tempo ele destacou-se dos demais companheiros, exercendo uma autoridade decisiva e tais foram seus serviços e tão característica a feição impressa ao movimento, que seu nome ficou para sempre ligado a essa revolução.

Correspondendo à presteza com que os revolucionários cuidavam das forças, fortificavam a cidade e se preparavam para as lutas futuras, os adversários da revolução, muitos dos quais se tinham levantado por contrários ao dr. Sabino, organizavam a resistência.

O bispo da diocese publicou uma pastoral condenando a revolução, e o juiz de direito Antônio Simões da Silva, aliciando gente, marchava à frente dos batalhões de polícia para os campos do Pirajá, onde se reuniram contingentes de S. Francisco, índios da Pedra Branca e voluntários da Cachoeira, forças que foram entregues ao comando geral do tenente-coronel Alexandre Gomes de Argollo Ferrão, acompanhado de seu filho que iniciava a carreira militar, na qual conquistou os bordados de general, sendo um dos mais intrépidos guerreiros nos campos paraguaios.

As hostilidades tinham começado em 18 de novembro, em Itaparica, pelo concurso de uma pequena esquadrilha. Daí por diante as escaramuças se sucediam quase diariamente, mantendo os *sabinos* grande valor belicoso.

Com a chegada do novo governador Antônio Pereira Barreto, as operações de guerra progrediram, porque de Sergipe desceram reforços e de Pernambuco chegou uma brigada sob o comando do coronel José Joaquim Coelho.

Apesar da luta sem descanso que as avançadas travaram, os revolucionários não perderam a esperança na vitória de sua causa, assim demonstra a organização de um ministério dirigido pelo vice-presidente Carneiro, e do qual o dr. Sabino fazia parte na qualidade de ministro do interior e dos estrangeiros. Com este fato colaboram também as resoluções do governo como o serviço militar obrigatório e outras medidas marciais, que se lhes afiguravam capazes de contrapor ao cerco rigoroso do marechal João Crisóstomo Callado a numerosa avineia[39] dos batalhões republicanos.

Mas, no dia 13 de março, a brigada pernambucana, sendo sempre a mais hostilizada pela artilharia do inimigo, fez um esforço deslocando-se por Bate-folhas e S. Caetano, ao qual não conseguiu resistir um dos flancos dos *sabinos*, quase envolvido por ela e batido em retirada até a Lapinha.

A peleja recrudesceu com esse revés.

Se por terra a bravura dos revolucionários enfraquecia diante do pesado embate dos imperiais, por mar a sorte não lhes era mais propícia. O chefe de divisão Teodoro de Beaurepaire cingia-os entre dois fogos, sendo, entretanto, obrigado a bater-se contra o extraordinário heroísmo da insignificante esquadrilha que defendia o litoral da cidade. Uma divisão de lanchas tenta desembarque em frente ao forte Monserrate e é repelida, no dia 13; no dia seguinte a mesma divisão acossada pelo vivo fogo dos fortes Monserrate, Conceição, Oliveira e Lagartixa, paira diante

---

39. Vocábulo não encontrado em dicionários. Por aproximação de sentido com *aviar* ou *aviamento*, poderia significar aqui provisão de materiais necessários à defesa ou sobrevivência.

da Gequitaia, esperando o movimento do exército *legal* que deve avançar, o que se efetua ao meio-dia, pelo Noviciado, tendo uma força tomado o forte Lagartixa depois de prolongado tiroteio. No dia 15 rendeu-se Monserrate batido pelas forças navais e por terra.

Há quatro dias que o fogo dura, ininterrompido. Um incêndio começa no cais da cal, e logo aponta nos lados do estaleiro, e já na Conceição... já no alto da cidade... para além. A fumaraça sobe, a chama lavra.

Será o último recurso da *Sabinada* entregar a cidade à devastação do incêndio?... Mas seus soldados resistem ainda, e sempre com o mesmo vigor!...

Amanhece o dia 16. Toda a noite os canhões ribombaram; a fuzilaria esteve firme. Bem cedo, o exército legal avança. Pela Vitória e Bom Gosto a brigada do coronel Joaquim Coelho acomete a força revolucionária que recua. E o terreno vai sendo ganho. Por Itapoã e Rio Vermelho surgem as companhias do coronel Bittencourt Câmara. A resistência afrouxa, reduz-se, aniquila-se.

Entram os vencedores, em triunfo, fuzilando os que correm, dando o último golpe nos moribundos. O terror domina. A loucura da fuga referve a confusão; os que querem se escapar vão de encontro às baionetas inimigas, os que se homiziaram deliram em febre. E não há canto que se não rebusque, e não há fisionomia de que se não suspeite!

Forma-se uma junta militar que condena à morte os oficiais Sérgio Velloso, Inocêncio de Araújo, Joaquim Leite e Alexandre Sucupira, os paisanos dr. Sabino, João Carneiro e seu filho. Há condenados a galés perpétuas e absolvidos.

Os sentenciados à pena última recorrem para o Supremo Tribunal de Justiça que confirma a pena nos militares e comuta em a de galés para os paisanos. Mas o processo é moroso, não traz os ódios nativistas das antigas revoluções, e pelas delongas alcança o perdão do primeiro governo de D. Pedro II aclamado maior. Uma condição se lhes impõe, é de residirem fora da província os cabeças da revolução.

Ao dr. Sabino foi designada a província de Goiás e daí ele passou-se para a de Mato Grosso onde faleceu, na fazenda *Jacobina*, em cuja igreja seu corpo teve sepultura no ano 1847.

XIII
A BALAIADA
(Maranhão — 1838-1841)

A luta política do Maranhão era representada por dois partidos — o *bem-te-vi* e o *cabano*.

O *bem-te-vi*, que mais tarde formou as fileiras militantes do partido liberal, teve sua origem no nome de um jornal fundado pelo ex-deputado Estêvão Rafael de Carvalho e contava entre seus entusiastas o notável João Francisco Lisboa.

A denominação do outro partido proveio do sarcasmo de seus adversários, que assim o tratavam para confundi-lo com o bando fanático e ignóbil que em Pernambuco e no Pará assolavam suas matas.

As pugnas eleitorais entre ambos corriam desesperadas e muitas vezes a tentativa contra a vida de seus partidários punha sangrentos remates à contenda das urnas. Em 1838 estavam os *cabanos* no poder, com a administração do presidente Figueiredo Camargo, quando na soturna vila de Manga, aos 13 dias de dezembro, um vaqueiro por nome Raimundo Gomes, *fula* do Piauí, mal-encarado e analfabeto, de dorso largo e curtas pernas arqueadas, acompanhado de nove indivíduos, arromba a cadeia, solta os presos, encarcera o comissário do governo e, apoiado pelas vinte praças da guarnição, declara que seu fim é depor o presidente!

A força organizada na capital para socorrer a vila dominada foi inútil pela distância a vencer, e portanto puderam os rebeldes campear livremente pelas circunvizinhanças da vila.

Em março do ano seguinte o dr. Manoel Felizardo de Sousa e Melo tomava conta do governo provincial, em substituição do presidente Camargo. O novo presidente iludiu-se com o estado da província. Na sua opinião a revolta pouco valia porque estava entregue a um bando comandado pelo Raimundo Gomes, nesse tempo internado pelos lados da Parnaíba; mas não contava nem sabia ao certo que um outro grupo mais forte se levantara sob o mando de Manoel Francisco dos Anjos Ferreira *Balaio*, assim apelidado pelo seu ofício de fazer e vender balaios.

Ferreira Balaio partilhou da revolta dos *bem-te-vis* para vingar a honra de suas duas filhas, que fora ultrajada por um oficial, comandante comissionado de uma força preparada em Itapicuru-Mirim para bater, na Chapadinha, os rebeldes de Raimundo Gomes.

Por essa época já os rebeldes levavam vantagens sobre a gente do governo. Ferreira Balaio à frente de um exército passante de mil homens destroçou completamente as forças que saíram ao seu encontro, comandadas pelo capitão Pedro Alexandrinho e tenente-coronel João José Alves de Sousa, mortos às suas mãos, após horríveis martírios. A vitória de Balaio entregou-lhe a comarca do Brejo, donde partiu, em combinação com os caudilhos Lívio Lopes, Ruivo e chefe Raimundo Gomes, a sitiar a importante cidade de Caxias, tendo eles, para essa empresa, um exército de seis mil homens. Com tão numerosa força cercaram a populosa e rica cidade, que capitulou depois de dois meses de esforçada resistência. A morte, a destruição e o incêndio vieram coroar o triunfo dos rebeldes que se apoderaram de muito armamento, munições de guerra, tomaram conta de duzentos armazéns e senhores do principal rio e da segunda cidade da província, além das comarcas de Pastos Bons e Brejo, fizeram conselho e decidiram expedir emissários ao presidente Manoel Felizardo para com ele entabularem negociações de acordo com um *manifesto*, em que se declaravam partidários da *maioridade*, mas respeitadores das leis até o advento dessa aspiração.

Com a chegada das primeiras notícias da infeliz rendição de Caxias e das crueldades ali praticadas, organizou-se na capital uma coluna de setecentos homens, dirigida pelo tenente-coronel João R. Carneiro Junqueira com o fim de socorrer aquela cidade; mas, à vista do imperioso manifesto dos *bem-te-vis*, que o presidente enviou à Corte para desobrigar-se de uma resposta, e propagando-se rapidamente a nova de que uns mil rebeldes vindos da Parnaíba pretendiam atacar S. Luís, seus habitantes tomaram-se de tanto susto que o dr. Manoel Felizardo, perplexo no meio dos horrores duma revolução guiada por monstros sanguinários, mandou contramarchar a coluna para tranquilizar os ânimos da população. Entretanto Caxias transformava-se numa arena de feras, o sangue era a sede dos seus invasores, o saque aguçava-lhes a cobiça e punha-lhes rebrilhos infernais nos olhares desvairados, nas dentuças carniceiras arregaçadas em gargalhada feroz de gozo; a velhice, a infância e a virgindade não mereciam piedade a esses bárbaros que falavam a língua aterrorizadora da raiva, que uivavam por vinganças de raça, que rugiam de prazer na prática diuturna dos mais extraordinários crimes. A um ancião abriram o ventre e nele coseram um leitão vivo, que lhe roía as entranhas no desespero do encarceramento. Por cúmulo de perversão dos sentimentos humanos, obrigaram sua esposa e seus filhos a assistirem a esse horrível suplício!

O açoite e a faca tornaram-se os cetros do despotismo vencedor. Um chefe que arrastava a espada do comando pelas ruas da cidade, o caudilho Ruivo, fazia garbo de andar coberto de sangue e de apregoar o número dos assassinatos perpetrados durante o dia![40]

Para terminar esse flagelo o governo geral nomeou o tenente-coronel Francisco Sérgio de Oliveira comandante das armas do Maranhão e em julho de 1839 ele chegou à capital da província, vindo do Pará onde se achava. Depois de longa demora e sabendo-se que a vila do Icatu, oito léguas distante de S. Luís, estava sitiada pelos rebeldes, saiu o comandante Sérgio para esse ponto, em que deu começo às operações de guerra no dia 8 de agosto. Ao despontar do dia 9 ordenou o comandante a marcha das tropas por Areias, mas tão desastradamente se houve que colheu vergonhoso insucesso, tal foi a confusão do comando e a falta de planos, não contando com a indisciplina dos comandados.

40. Em várias passagens como esta, imagens cruentas de violência retomam o grotesco romântico, que chega ao simbolismo e ao expressionismo mediante a utilização de narrações/descrições construídas com marcas e tons supernaturalistas. No Brasil, essa característica esteve presente, com destaque, em obras tão diversas de escritores como Graça Aranha, Euclides da Cunha e Augusto dos Anjos.

Ao passo que os bandos sitiantes do Icatu se reuniam em Iguara, Lívio Lopes e Balaio marchavam para as margens do Parnaíba com o intento de se opor às forças do Piauí, que sob as ordens do major Manoel Clementino de Sousa Martins entraram no Maranhão pela comarca de Pastos Bons, contornando a retaguarda inimiga.

A marcha do major Clementino era vitoriosa e diante dela Ferreira Balaio começou a recuar, procurando o abrigo das matas do Morro Agudo e Baixão, onde entrincheirou-se. Infelizmente, antes que o major pudesse dar cerco e abater os criminosos, uma bala cortou-lhe a gloriosa carreira, ferindo-o mortalmente.

Então saiu *Balaio* das matas do Morro Agudo, destinando-se a Caxias, que voltara outra vez ao poder dos contrários e, apenas tinha entrado nesta cidade, no dia 9 de outubro caiu sem vida, varado por uma bala que lhe disparou um dos seus soldados, na ocasião em que esses saqueavam a casa de um cidadão suíço e matavam desapiedadamente quatorze pessoas!

A morte do chefe, as deserções dos caudilhos Coque e Domiciano Ayres que se entregaram ao governo, os pequeninos interesses políticos que moviam a revolta, a péssima organização de seus exércitos, a que a penúria reduzia a hordas de famintos e a epidemia de sarampos dizimava largamente, concorriam para desmoralização da guerra, posto que, do lado dos *legais*, também reinasse a discórdia, porquanto o presidente Manoel Felizardo e o comandante Sérgio viviam em desinteligências contínuas, a se recriminarem mutuamente, julgando um da incapacidade do outro. A província entrava numa verdadeira anarquia. A pobreza recrudescia e os desperdícios aumentavam. O governo geral preocupado com a revolução do Rio Grande do Sul, a conhecida *guerra dos farrapos*, pouco atendia ao norte.

Durante esses acontecimentos uma mudança ministerial veio entregar o comando das forças e a presidência do Maranhão ao coronel Luís Alves de Lima, que por seus relevantes serviços ali prestados, foi agraciado com o título de barão de Caxias.

O coronel Lima que muito se distinguira na guerra da independência, na Bahia, em cinco anos de valorosa campanha em Montevidéu e notavelmente exerce o comando do *Corpo de*

Permanentes da Corte, demonstrou nessa comissão extraordinários dotes de administrador e comandante em chefe de forças em operações de guerra, conseguindo com energia pôr cobro aos enormes e vergonhosos desmandos em que se achavam as forças legais, conseguindo também organizar as colunas expedicionárias, fazer dos fracos valentes e dos esquecidos lembrados. Em 7 de março o coronel Lima acompanhado de seu ajudante, tenente Agostinho Piquet, e seu reduzido estado-maior, partiu da capital para mover o exército, tendo entregue a divisão naval ao capitão de fragata Joaquim Marques Lisboa, o valente marinheiro marquês de Tamandaré, que morreu em março de 1897, envelhecido nos inolvidáveis serviços prestados à pátria e venerado por todos os brasileiros.

Em pouco tempo os rebeldes começaram a perder terreno. Cada escaramuça ou guerrilha trazia-lhes prejuízos desiludidores. As vilas foram retomadas e batidas as matas do Egito e Carimá, no Piauí. Os caudilhos Gavião, João da Mota, Mocambira, Tempestade e outros, foram destroçados. Raimundo Gomes fez uma tentativa para depor as armas, mas exigindo tais condições que o presidente a recusou; então, perseguido em princípios de agosto, fugiu sem armas e bagagens, deixando toda a sua gente prisioneira, indo parar nas cabeceiras do Rio Preto para fazer junção com o negro Cosme.

Era o negro Cosme um evadido das cadeias da capital. Sagaz, inteligente, facinoroso e terrível, sem política nem ideal, servia aos *bem-te-vis* como serviria a qualquer partido, porque o seu empenho estava em ser chefe, mandar e dispor a seu talante. Grande serviço poderia ele ter prestado ao partido, se os seus cabeças tivessem uma orientação, pois o Cosme rapidamente sublevou os escravos de algumas fazendas e formou um grande *quilombo* nas terras da Lagoa Amarela, onde estabeleceu uma escola de primeiras letras, fizera-se soberano, tanto que se assinava *Dom Cosme, tutor e imperador das liberdades bem-te-vis*, e assolava as propriedades com constantes correrias e depredações.

A exemplo dos companheiros, Francisco Ferreira Pedrosa, chefe de mil setecentos rebeldes e um dos mais considerados cabeças do movimento, também desenganado pelos insucessos, passou-se para o lado dos *legais*, recebendo a comissão de atacar o *quilombo* do Cosme, o que realizou com feliz êxito, aprisionando o negro que foi entregue à justiça.

Nesse ano um acontecimento importante mudou a face do movimento. Foi a declaração da maioridade do Sr. D. Pedro II, ato inconstitucional, verdadeiro golpe político em que o jovem monarca entrou ocultamente. Desde logo os *bem-te-vis* exultaram de contentamento, porque era isso letra do seu programa. Por esta adesão estava, em intuito, morta a rebeldia. O partido tinha conseguido a sua aspiração e saiu para as ruas, a dar vivas com músicas e foguetes.

Mas o exército do coronel Lima continuava em suas operações, a bater e desarmar os bandos rebeldes.

O número de prisioneiros subiu a mais de dois mil, entre eles contava-se o caudilho Ruivo; os caudilhos Pio e Coco renderam-se com promessa realizada de anistia; finalmente, em Miritiba, caiu em poder dos legais o famigerado Raimundo Gomes, escapo do quilombo do Cosme onde, precisamente no dia da sua destruição, deveria pagar com a vida a desconfiança em que o tinha aquele negro. Alcançado pela anistia, teve ordem de retirar-se para S. Paulo, terra em que tiveram cova seus restos mortais.

Com esse chefe foi agarrado o célebre índio Matroa, que se lhe havia reunido, caboclo de cento e vinte anos, alquebrado, quase curvo, não obstante bandoleiro famoso por sua participação em todos os motins e audaciosa prática de inúmeros crimes.

E assim terminou, em 5 de janeiro de 1841, a sanguinolenta luta partidária que, sem ideal que a enobrecesse, encheu de luto e irremediáveis prejuízos a província do Maranhão.

XIV
S. PAULO
(Revolta do Partido Liberal — 1842)

"A atual Câmara dos Deputados, Senhor, não tem a força moral indispensável para acreditar seus atos e fortalecer entre nós o sistema representativo..."

Assim expunha ao imperador o gabinete ministerial de 1842, pedindo a dissolução da Câmara por causa da obstinada oposição que ela fazia às reformas apresentadas.

Em 1º. de maio o imperador assinou o decreto dissolvendo-a e convocando para setembro do mesmo ano a nova Câmara, que deveria ser eleita.

O golpe feriu fundo a representação nacional. O gabinete de 1842, composto de representantes dos diversos matizes políticos e no qual predominava o elemento a que chamavam oligárquico, fazia suspeitar um governo de perseguições pela possibilidade de uma camarilha.

Não podia o governo tranquilizar-se com os resultados de semelhante medida política, mormente quando nas duas ricas e libérrimas províncias de S. Paulo e Minas era o partido liberal o que de mais influência dispunha pela importância de seus chefes. Aniquilados por modo tão violento, os representantes do povo trataram de organizar uma reação combinada na sociedade secreta *Patriarcas Invisíveis* que, na Corte, funcionava como centro dos diretórios constituídos em outras províncias.

Os *Patriarcas Invisíveis* formavam uma liga política sob sistema maçônico, dirigidos pelos senadores José Bento Leite Ferreira de Melo e Martiniano de Alencar. Ficou deliberado que o movimento se levantasse em S. Paulo, secundado por Minas e Rio de Janeiro e logo seguido pelas províncias do norte.

O padre Manoel de Oliveira Libório e outros liberais andavam, por esse tempo, pelas vilas e povoados paulistas a concitar os ânimos para que recusassem as autoridades nomeadas pelo governo e só prestassem obediência ao prestimoso e rico coronel Rafael Tobias de Aguiar, que por duas vezes estivera à testa do governo provincial.

Esses acontecimentos serviram de pasto à fantasia popular, que os aproveitou para seus costumários boatos, dos quais resultavam as descrições, mais ou menos verdadeiras, do conchavo entre chefes liberais para uma *revolução*.

Governava a província de S. Paulo, como representante do ministério de 1842, o barão de Monte Alegre, cujo nome de batismo e de família era José da Costa Carvalho, o agitador republicano de 1822.

Costa Carvalho conhecia bem os elementos políticos de S. Paulo e via claramente a situação, para se deixar sossegado ou indiferente nessa emergência. Por isso procurava dispor as cousas e acercar-se de gente da sua confiança para a reação oportuna. Não tardou muito esse momento.

No dia 17 de maio, constando em Sorocaba que em diversas vilas havia coligações a fim de impedir o ato de posse das autoridades recém-nomeadas, o instrutor da guarda nacional daquela cidade Joaquim José Xavier de Almeida, fingindo-se governista, reuniu às pessoas algumas praças municiadas e aquartelou no hospital.

Nessa mesma noite entraram na cidade numerosos bandos armados e às dez horas da manhã do dia 18 os rebeldes tomaram conta da casa da Câmara, onde aclamaram Rafael Tobias presidente da província.

O denominado *presidente intruso*, que a vontade dos paulistas rebelados opunha à autoridade da Corte, mandou espalhar imediatamente uma *proclamação* prometendo defender os interesses de S. Paulo deprimidos pelo governo, e *sustentar o trono imperial*.

Imediatamente Itu, Itapetininga, Porto Feliz, Taubaté, Pindamonhagaba, Lorena, Mogi-Mirim, Silveiras, Faxina, Capivari e parte de Campinas declararam-se pela rebelião.

O pronunciamento aparecia mais grave, talvez, do que o esperava Costa Carvalho que despachou, com presteza, correios para a Corte.

Com as notícias oficiais, o fervilhar dos boatos tornou-se

intenso, porque neles corriam afirmações de assassinatos, cenas horríveis, combates sangrentos. Diziam decapitado o barão de Monte Alegre, convulsionado o Rio de Janeiro, prestes a alcançar as fronteiras paulistas a cavalaria dos gaúchos, que varria em sua frente todos os obstáculos opostos pelo governo aos republicanos federalistas de Piratini... Mas, por serem graves as informações recebidas, ou porque também lhe despertavam apreensões as *novidades* correntes, o gabinete ministerial organizou, precipitadamente, um contingente de forças entregando-o ao comando do valoroso barão de Caxias.

O pacificador do Maranhão seguiu para Santos com uma força de quatrocentos homens, em tal estado que a chamaram — exército de cadáveres ambulantes!

Recompondo-a naquela cidade, tomou caminho para S. Paulo onde, nos primeiros encontros fez recuar os rebeldes para Sorocaba. Era esse o seu objetivo. Para Campinas mandara o coronel Amorim Bezerra que, uma vez pacificada toda a zona rebelada de Mogi-Mirim a Lorena, deveria descer por Jundiaí e Itu. O seu plano fora traçado d'antemão, caso não pudesse bater logo os sediciosos em Cotia. Por Botucatu desceria o major Tomás Henriques, nas vertentes de Paranapiacaba estaria o coronel Antônio da Silva e de Curitiba, por Itararé, marchariam os coronéis Pimentel e Machado. Por este modo, urgidas pela necessidade, convergiriam sobre a sede da sedição cinco colunas de guerra, cuja ideia precisa se pode formar imaginando cinco raios de uma estrela tendo por centro Sorocaba.

Para corresponder a este plano de cerco que, se não era formidável pelo número das forças, era irrefreável pela estratégia, fora preciso que os rebeldes tivessem um chefe habilíssimo, por quanto o seu exército, composto de valentes caipiras paulistas, astutos, resistentes e corajosos, estava suficientemente armado e bem provido de munições de boca.

Mas, o major Galvão de Barros França, apesar de conceituado, até entre os governistas, pois o barão de Caxias considerava-o prático e inteligente, não anulava nem mesmo embaraçava os planos do general adversário, que marchava desembaraçadamente, levando de vencida os rebeldes opostos ao seu caminho.

Amorim Bezerra, tendo atingido Silveiras e Lorena, fizera marcha para Campinas de onde descia, vencendo Jundiaí, Capivari e Itu.

Em meio desses triunfos, quando o governo da Corte ansioso esperava a notícia da pacificação da terra paulista, que o atarantava com o sacrifício de duas guerras intestinas, porque no Rio Grande a revolução mais incendida corria, espalhou-se a terrível novidade de outro levante, este surgido em Barbacena. A província do Rio de Janeiro dava cuidados ao gabinete imperial e, de quando em quando, chegavam informações de que o fluminense Joaquim de Sousa Breves e outros fazendeiros liberais tentavam a insurreição da linha fronteiriça.

Em Angra dos Reis, em Barra Mansa e no Bananal a polícia fazia encarcerar cidadãos suspeitos. Honório Hermeto Carneiro Leão, presidente do Rio, saiu de Niterói para correr os limites das terras fluminenses; em Resende a guarda nacional era mobilizada, recrutava-se desenfreadamente por toda a parte e avultadas subscrições andavam por mãos de ricaços, de fazenda em fazenda, para o sustento desse enorme exército de reação.

Também do norte chegavam notícias aterrorizadoras. No Ceará o padre Alexandre Corbelon Verdeixa armava um braço mercenário para tentar o assassinato do Presidente José Joaquim Coelho e no Exu, de Pernambuco, o caudilho da *Balaiada*, Lívio Lopes, tomava a testa de uma guerrilha.

O sobressalto da Corte irradiou-se por todos os bandos opostos aos liberais. Os mais salientes por sua interferência na política ministerial e os mais irrequietos clamavam por medidas enérgicas, exigiam o extermínio dos rebeldes.

Um decreto imperial declarou em estado de sítio as províncias do Rio de Janeiro, S. Paulo e Minas. E isso feito eram presos na Corte e deportados para Portugal, a bordo da fragata *Paraguaçu*, o conselheiro Antônio Limpo de Abreu (falecido visconde de Abaeté), dr. Joaquim Cândido Soares de Meireles, Francisco de Sales Torres Homem (2º. barão de Inhomerim), o cônego Geraldo de Brito e o dr. França Leite. Por um rigoroso inquérito a polícia descobriu que os senadores José Bento Ferreira de Melo e padre José Martiniano de Alencar representavam importante papel na sociedade secreta *Patriarcas Invisíveis*, e os denunciava ao Senado.

A repressão do governo, inquietado com o progredimento das manifestações subversivas, deu curso ao terror dos simpáticos à causa dos liberais, desperto pela espionagem e pelas delações. A segurança individual começou a sofrer, com o murmúrio das suspeitas, o vexame das pesquisas policiais.

E, pelas terras ubérrimas de S. Paulo, galgando serros, correndo campos, pisando estradas, o barão de Caxias continuava sua marcha. O exército rebelde apenas sustentava escaramuças e retirava-se.

Então, como se viesse dar forças à revolta que enfraquecia, desceu para o ponto principal das operações de guerra o padre Diogo Antônio Feijó, substituindo Rafael Tobias, que foi procurar em Itabatinga outros recursos. Mas Campinas, como Itu e Porto Feliz, Silveiras e Areias estavam abandonadas pelas forças rebeldes!

Deixando vencidas e tranquilizadas as cidades, vilas e lugarejos por onde passava, o barão de Caxias tocou o seu alvo.

Nas vésperas de entrar em Sorocaba, que ficara concentrada com a estratégia do general governista, o barão recebeu no seu acampamento um parlamentário, portador de uma carta de Diogo Feijó.

Escrevia o ilustre padre:

"Quem diria em qualquer tempo que o Sr. Luís Alves de Lima seria obrigado a combater o padre Feijó? Tais são as cousas do mundo."

"Em verdade, o vilipêndio que tem o governo feito aos paulistas e às leis anticonstitucionais da nossa assembleia me obrigam a parecer sedicioso. Eu estaria em campo com a espingarda na mão se não estivesse moribundo, mas faço o que posso... como persuado-me que S. M. Imperial há de procurar obstar as causas que deram motivo a tudo isso, lembra-me procurar a V.Exª. por este meio e rogar-lhe a seguinte acomodação, que é honrosa a Sua Majestade o Imperador — 1º., cessem as hostilidades; 2º., retire-se da província o barão de Monte Alegre e o seu vice-presidente até que Sua Majestade nomeie quem lhe parecer, e a província pede a V.Exª. que interceda para que não nomeie sócio, amigo ou aliado dos Vasconcelos; 3º., que a lei das reformas fique suspensa até que a assembleia geral receba a representação que a assembleia provincial dirigiu à mesma sobre este objeto; 4º., que haja anistia geral sobre todos os acontecimentos que tiveram lugar, embora seja eu só excetuado e se descarregue sobre mim todo castigo."

"Exmº. Senhor, V.Exª. é humano, justo e generoso; espero não duvidará cooperar para o bem desta minha pátria. Eu lhe assevero que exigirei a execução deste tratado por parte do governo atual da província e com o comandante de nossas forças poderá concluir definitivamente esta capitulação."

Ao que o general respondeu:

"... Direi: Quando pensaria eu, em algum tempo, que teria de usar da força para chamar à ordem o padre Diogo Antônio Feijó? Tais são as cousas deste mundo!! As ordens que recebi de Sua Majestade o Imperador são em tudo semelhantes às que me deu o Ministro da Justiça da Regência nos dias 3 e 17 de abril de 1832, isto é, que levasse a ferro e fogo todos os grupos armados que encontrasse, e da mesma maneira que então as cumpri, cumprirei agora. Não é com armas na mão, Exmº. Senhor, que se dirigem súplicas ao monarca e nem com elas empunhadas admitirei a menor das condições que V.Exª. me propõe na referida carta..."

A resposta do general desanimou os rebeldes. Feijó tentou ainda, por meio de outra carta, uma entrevista com ele, mas o barão de Caxias não o atendeu e fez marchar seu exército para as portas de Sorocaba. Canto e Melo e Galvão escreveram-lhe pedindo anistia, considerando-se capitulados. Rafael Tobias abandonava seus companheiros, fugindo para o Rio Grande, onde foi preso tempo depois, quando o barão de Caxias tomou conta do exército em operações contra os republicanos de Piratinim.

No dia 20 de junho o general entrava em Sorocaba. Feijó caía prisioneiro e era obrigado a partir para a Corte em companhia do senador Campos Vergueiro, também acusado de fomentar o movimento. O senador Francisco de Paula Sousa e Melo, não obstante ter negado a sua interferência nos negócios da rebeldia, recebeu ordem para deixar a província e passou-se para a de Santa Catarina. Os últimos grupos de sediciosos foram batidos nas guerrilhas de Pau d'Alho, onde o desespero dos derradeiros esforços lhes arrancava gritos de *Viva a república!* como já os tinha feito gritar — *abaixo o trono estrangeiro que nos avilta!*

Mas a sedição estava vencida.

XV
MINAS GERAIS
(Revolta do Partido Liberal — 1842)

Pelos mesmos motivos que a província de S. Paulo se achava em armas na cidade de Sorocaba, a província de Minas levantou um exército insurgente.

Se os ânimos exacerbavam-se de dia a dia com as consequências da dissolução das Câmaras e o perseguidor governo de José Clemente Pereira e o primeiro marquês de Paranaguá (os representantes da liga *absolutista* no tempo de Pedro I), o desgosto atingiu ao seu auge quando à província chegou a notícia de que fora nomeado seu presidente um partidário da oligarquia, Bernardo Jacinto da Veiga, que diziam portador de ódios particulares a vingar. E tinham razão os liberais mineiros, porque o primeiro ato do presidente Veiga foi adiar a abertura da Assembleia provincial para novembro, quando deveria ser aberta em junho, tornando por esse modo "manifesta a intenção de que estava o governo de proceder sem lei à arrecadação dos impostos."

Nesse tempo chegou a Minas a notícia do rompimento de Sorocaba, e o governo do presidente Veiga, sob o pretexto de medidas preventivas, pôs em execução ordens despóticas. Povoações inteiras sofreram processos, as cadeias abriram-se para encarcerar cidadãos pacíficos, foi violado o segredo das cartas, a vigilância policial tornou-se intolerável, a opressão vexava o povo, a imprensa era perseguida e o direito de petição punido. Diante dessa tirania e porque a reforma da lei *inconstitucional* das eleições determinava que a lista dos eleitores e dos elegíveis fosse organizada pelo juiz de paz, pároco e subdelegado, retirando-se a possibilidade da eleição de oposicionistas, os liberais mineiros planejaram com o tenente-coronel José Feliciano Pinto Coelho da Cunha um movimento sedicioso. Tão em segredo foram tomadas as medidas do levante que, pela manhã do dia 10 de junho, em Barbacena, ao rebate dos sinos e cornetas, a guarda nacional tinha fechado as saídas da cidade, impedindo a fuga dos amigos do governo. Assim feito e sem a menor violência, a guarda nacional aclamou presidente de Minas Gerais o tenente-coronel José Feliciano, recebendo esse, da Câmara Municipal constituída, o ofício pelo qual reconhecia ela sua autoridade interina.

José Feliciano, por meio de circulares, chamou à sua causa Queluz, Pomba, o arraial do Turvo, Lavras e Bom Jardim.

S. João del-Rei pretendeu resistir mas, por um contragolpe dos liberais, foi vencida incruentamente.

De S. João del-Rei, o presidente dispôs-se a marchar para Queluz. Ali o intrépido Antônio Nunes Galvão pôs em fuga o comandante das armas Manoel Carlos de Gusmão; mas, por insuficiência de armamento, também temendo um revide dos imperialistas, abandonou a cidade, indo ao encontro de José Feliciano.

Não obstante a dedicação dos liberais mineiros, dos quais muitos possuíam fortuna representada em excelentes terras de cultivo ou em importantes casas de comércio e que, pela causa liberal, abandonavam suas propriedades, seus lares com famílias, o bem-estar e os interesses particulares, a revolução em breve tempo começou a enfraquecer por timidez do comando-chefe. Desde o começo caíra num grande erro. José Feliciano devia ter marchado para Queluz, quando sentiu o franco apoio da guarda nacional de Barbacena, e não se ter deixado em ócio, aguardando o resultado das circulares. Em Queluz teria levantado um exército passante de mil homens e marcharia contra a capital, onde o presidente, colhido de surpresa, nenhuma resistência poderia oferecer; mas, agora, Bernardo da Veiga, com tempo e reflexão, tinha combinado planos e preparado reforços para se opor aos triunfos da força insurgente.

Era desejo de todos os chefes da sedição, como entusiástico anelo de seus soldados, a imediata marcha para Ouro Preto; e, entretanto, depois do sucesso colhido em S. João del-Rei, José Feliciano licenciava soldados, fazia e destruía projetos, levantava marchas e voltava sobre os passos já feitos para os mesmos acampamentos.

Queluz, abandonada, caía em mãos do brigadeiro Toledo

Ribas; S. Paulo, vencido, assistia o desfilar das tropas do barão de Caxias que entrava na terra mineira.

Para desembaraçar de tão difícil situação a causa liberal, Teófilo Otoni correu a Baependi e o padre José Antônio Marinho seguiu para Barbacena, a fim de, levantando o maior número de combatentes, reunirem as forças num só exército. Conseguido isso, os soldados vieram para as vizinhanças de Queluz e, divididos em duas colunas, uma comandada por Galvão que se foi colocar no lava-pés, outra sob as ordens de Alvarenga que acampou em Boa Vista, foi planejado o ataque à vila. A gente de Alvarenga rompeu tiroteio no dia 26 de julho atraindo os defensores de Queluz; mas, ao mesmo tempo, a coluna de Galvão carregava sobre os contrários e com tal impetuosidade que os levou até o largo da Matriz onde a artilharia coadjuvava os esforços dos infantes. Nessa ocasião a coluna de Alvarenga acomete-os pela retaguarda e se a estrada de Suassuaí estivesse guarnecida, como desejou fazer o chefe Marciano Brandão, nenhum oficial teria escapado às armas dos sediciosos.

Durante muitas horas os dois exércitos bateram-se valentemente. Um filho de Galvão, recebendo ferimento mortal, vacila e tomba nos braços do pai. O velho liberal entrega o ferido a um cirurgião, dizendo: "Veja se o pode salvar; se morrer ainda me restam três para sacrificá-los à causa da liberdade..." e corre ao seu posto de honra, animando os soldados com exemplos de extraordinária intrepidez.

A disciplina da gente governista não vence o denodo dos sertanejos. Se ela tem a uniformidade dos movimentos militares, eles encobrem a inexperiência com a valentia; se ela bem conhece a tática da guerra, eles possuem a prática das caçadas e não perdem um tiro.

Ao termo do dia cinquenta mortos e feridos e duzentos prisioneiros são os despojos da batalha.

A vitória acendeu o entusiasmo nas forças insurgentes e, quando tiveram a voz de marchar, passou pela mente de todos o pensamento de outro sucesso em Ouro Preto. Infelizmente desiludiram-se. José Feliciano tomou direção da Bocaina, onde o exército cansou em movimentos inúteis.

Tendo-se-lhe ajuntado aí o batalhão de Santa Bárbara, que

julgavam perdido, ainda uma vez o presidente interino desprezou a capital para atacar Sabará, que foi vencida.

Desde a partida da Bocaina que o presidente não ignorava o desastre de S. Paulo e a marcha do exército de Caxias. Por vezes falou em depor as armas, aceitando a anistia com que o general acenava prometedoramente às forças liberais; e sempre encontrou oposição a esse intento, com maior calor em Otoni e padre Marinho. Depois do triunfo alcançado em Sabará, mais arraigou-se a ideia da paz no espírito de José Feliciano. Era certo que o general barão de Caxias vinha ao encalço dos insurgentes, como eram verdadeiras as notícias dos revezes sofridos em muitos pontos onde a rebelião tinha dominado; era certo também que os recursos pecuniários estavam esgotados, a honestidade e vigilância dos chefes impediam o saque dos vencedores e o aproveitamento da fazenda alheia, que muitas deserções se realizaram por desgostos e cansaços; mas contando com a abnegação dos mineiros, José Feliciano podia se manter com armas na mão por muito tempo e com vantagens sobre o adversário. As doenças, a timidez e ausência de ambições abatiam, no entanto, o velho chefe. Ele via S. Paulo dominado e acreditava que Minas Gerais não tinha razão de sustentar uma luta que nascera da mesma causa; media com temor o crime da resistência de um povo que se sublevara para manifestar aversão a um ministério que o imperador mantinha; calculava assombrado o desenvolvimento da revolução e o fim a que poderia chegar sendo guiada pelas ideias exaltadas de Teófilo Otoni e pelas vitórias das forças insurgentes; não era mais o *presidente interino* resistindo ao governo da província, ao gabinete do Rio de Janeiro; era o chefe de uma *revolução* que lavrava pelo norte e pelo sul do território de Minas, que contava sangrentos combates e triunfos; que, por eventualidade da fortuna, poderia alentar, de um momento para outro, os sentimentos republicanos do povo.

Pesando estas considerações, o honrado, mas fraco, José Feliciano procurava retirar de seus ombros a responsabilidade provável de uma nova e diferente feição dada ao movimento de 10 de junho. Por intermédio do dr. Melo Franco e coronel Souto mandou propor ao barão de Caxias uma negociação honrosa, com anistia para todos os insurgentes. Não passou em segredo, como ele pretendia, essa comissão. Os mais ousados chefes sentiram-se ofendidos com a timidez do presidente interino e deliberaram aclamar Teófilo Otoni vice-presidente, mas, sendo consultado Otoni, ele foi de parecer que a substituição viria golpear o unitarismo dos combatentes, sobretudo ferir a dedicação da coluna de Santa Bárbara, em que Feliciano contava muitos parentes e amigos. Aceitou, pois, o encargo de animar o presidente, ao mesmo tempo que, com dificuldade, conseguia fazer marchar o exército para o arraial de Santa Luzia.

O general da *legalidade* aproximava-se triunfante. Com os planos de campanha ele desenvolvia uma polícia ativíssima, cuja missão se limitava menos à vigilância que à intriga e tecedura de recompensas para envolver o prestígio e as dedicações dos chefes sediciosos. A essa guerra daninha de roedores respondiam as senhoras mineiras, entre elas notavelmente a sra. d. Bárbara da Horta, com a mais sutil, sagaz e obstinada espionagem, de que davam conta aos rebeldes por meios de ardis que só o espírito feminino é capaz de conceber e realizar.

Acampando o exército em Santa Luzia, José Feliciano preparou o plano de combate. Na noite de 19 de agosto a coluna de Lemos partiu para tomar posição ao norte do arraial, a de Alvarenga e Joaquim Martins com o batalhão de Santa Bárbara ao sul, ao centro a de Galvão.

Assim feito, o tenente-coronel José Feliciano reuniu alguns amigos, em menor número possível, e comunicou-lhes que nessa noite abandonava os companheiros. Otoni, ocupadíssimo em vigiar Joaquim Martins, de quem suspeitava, não teve conhecimento da fuga do presidente e na manhã de 20, quando soube que ele e Lemos desapareceram, prometeu meter uma bala na cabeça de quem desse curso ao caso. Infelizmente a notícia não parou com as ameaças de Otoni. O exército teve conhecimento dela, perdeu o entusiasmo. Galvão, que a recebeu com desalento e dor, depois de longa meditação e sob a sua exclusiva responsabilidade, mandou romper fogo sobre o adversário que estava em frente. O general tinha dado ordem às suas forças de guardarem as posições sem responder aos insurgentes, e só no dia

21 começarem o combate; mas tal ímpeto pôs no ataque a gente de Galvão que o barão de Caxias foi obrigado a relaxar a ordem já comunicada a todas as tropas. Os soldados do governo arremetem contra a gente de Galvão, que recua, bem acossada. Mas o barão faz alto. Galvão reúne de novo sua gente na estrada do arraial; para suas fileiras correm muitos paisanos, entre esses o padre Marinho, e recomeça a ofensiva com tanto esforço que o adversário debanda aceleradamente, sem cuidar dos trens de guerra de que os liberais se apoderam. A vitória pendia para o lado deles. Se tivessem um chefe supremo, inteligente e afoito, que os guiasse, o barão estaria esmagado, disseram os seus cronistas; mas o general afirmava que a retirada fora estrategicamente organizada... O certo foi que os liberais nenhum proveito tiraram do incidente, e é provável que a notada ocasião da vitória fosse um detalhe atendido ao termo da luta, durante a rememoração dos episódios, porque, em verdade, havia um esforço sem esperança nas fileiras rebeldes. Joaquim Martins procurara fugir, sendo obrigado a retroceder diante da cólera dos que o perseguiram; a coluna de Lemos, pela ausência do chefe, subdividira-se desordenada e desobediente; a concentração do comando ora se achava em homens briosos, mas desprovidos de prática. Ao demais, vinha pelo norte o batalhão de Magé, comandado pelo coronel José Joaquim de Lima (falecido em 1895, com o título de conde de Tocantins), irmão do general Caxias. Joaquim de Lima acudira ao estrépito da luta, pois aguardava novas ordens do comandante em chefe para se mover do posto que esse lhe indicara. Também o general voltava à carga, inesperadamente e com maior ardor.

    Pela segunda vez a dizimada coluna de Galvão recua, agora em debandada. O fogo fica concentrado no alto do arraial, luta-se desesperadamente, mas a vitória, que se havia inclinado pela manhã para os revolucionários, à tarde pendeu toda para os governistas. Em poucas horas eles entravam vitoriosos em Santa Luzia. O padre Marinho fugiu com muitos soldados, Otoni e outros chefes foram presos. E com o combate desse dia 20 de agosto de 1842 terminou a revolta liberal de Minas.

    Alguns anos depois os chefes rebeldes, que se homiziaram

nos sertões, os que foram aprisionados em combate, volveram aos seus lares e às posições sociais que o merecimento de cada um tinha conquistado.

XVI
GUERRA DOS FARRAPOS
(Rio Grande do Sul — 1835-1845)

A chamada guerra dos *Farrapos*, que ensanguentou o solo da província do Rio Grande do Sul por espaço de dez anos, teve começo em profundas desavenças políticas entre os dois partidos que ali se formavam.

Governava os destinos da província o doutor Antônio Rodrigues Fernandes Braga, considerado por seus afeiçoados e desafetos como frouxo de energia e fraco de intenções. Essas falhas levaram-no a divorciar-se dos que o secundavam na gerência dos negócios públicos e se esforçavam por definir a responsabilidade dos partidos.

Assim abandonado, não se podia esperar outro procedimento dos políticos senão o que tiveram com ele, viu-se dominado pelo grupo contrário dos que lhe prestavam apoio, o qual se subordinava à orientação do dr. Pedro Rodrigues Fernandes Chaves.

Entregue o presidente à vontade do partido *conservador* ou como o chamavam — *caramuru* — não tardaram as perseguições e injustiças aos políticos do outro partido, e tantas e tais foram as queixas, as recriminações, os agravos que, em 20 de setembro de 1835, os liberais, também designados sarcasticamente *farrapos* ou *farroupilhas*, sob o comando do coronel rio-grandense Bento Gonçalves da Silva, tomavam conta da capital, obrigando o presidente a fugir com destino à cidade do Rio Grande.

Antes, porém, que a Regência concertasse medidas a respeito dos graves acontecimentos daquela província, a ideia rebelionária propagou-se rápida por muitas cidades, vilas e lugares do Rio Grande, levantando entusiastas, anulando o procedimento de Bento Gonçalves que pretendia restabelecer a ordem, e acendendo a luta intestina. Concorreu para esse estado crítico a resistência que o marechal Sebastião Barreto quis organizar, chamando às armas os habitantes da província que não fossem partidários da política de Bento Gonçalves.

O governo regencial, que lutava com as *Rusgas* no Rio de Janeiro, pensou em acalmar os ânimos na remota e quase abandonada província, nomeando para sua administração a um rio-grandense de prestígio, e para isso escolheu, entre os que mais confiança lhe mereciam, o dr. José de Araújo Ribeiro.

Apenas chegado a Pelotas o dr. Araújo Ribeiro escreveu a Bento Gonçalves, que se achava em Camaquã, pedindo-lhe a sua interferência para apaziguar os ânimos em Porto Alegre. Mas, se Araújo Ribeiro demonstrava, com esse proceder, intuitos pacificadores, contra ele corriam versões suspeitosas, que tiveram confirmação por ter ele mandado processar o vice-cônsul hamburguês que, em setembro, aconselhava aos seus jurisdicionados a não intervirem na luta.

Por este fato a Assembleia reuniu-se secretamente, protestando não dar posse ao novo presidente. Araújo Ribeiro decidiu abandonar a província, mas o comandante das armas, o coronel Bento Manoel Ribeiro, antepôs a essa decisão o seu prometimento de sustentar a autoridade provincial e combater os sediciosos.

Decidida a resistência, o dr. José de Araújo Ribeiro resolveu tomar conta do governo e prestar o respectivo juramento na Câmara Municipal da cidade do Rio Grande, e assim o fez no dia 15 de janeiro de 1836, o que comunicou à Assembleia. Essa convidou-o a ir a Porto Alegre ratificar o seu juramento, sem o que o não reconheceria.

Araújo Ribeiro esquivou-se de assentir ao convite d'Assembleia, temendo alguma cilada, porque ela o tratava de criminoso e invocava sobre sua cabeça a *espada da justiça*.

Com essa recusa tácita, o escolhido da Regência punha fogo à mecha da máquina revolucionária. Estava iniciada a *guerra civil*.

A província tinha dois governos: um, a princípio, com a sede em Porto Alegre, que era o de Araújo Ribeiro, apoiado por Bento Manoel; outro na cidade do Rio Grande, sob a direção do vice-presidente da província Américo Cabral, que nomeou comandante das armas o intrépido major João Manoel de Lima, irmão do marechal de Caxias.

Logo nas primeiras ações da penosa campanha dos dez anos, o major João Manoel derrota os *caramurus* (partidários de Araújo Ribeiro, ou governistas) em Capané, vitória a que corresponde o triunfo do governista Bento Manoel, no Rosário, sobre o imprudente e bravo Afonso Corte Real. Das forças de Bento Manoel faziam parte o coronel *caramuru* Manoel Luiz da Silva Borges e seus dois filhos, os tenentes José e Manoel Luiz Osório, este último veio a ser, muitos anos depois, o legendário general Osório, marquês do Herval.

Em seguida o major João Manoel dirigiu-se para Pelotas, onde bateu e aprisionou a força comandada pelo major Manoel Marques de Souza, conhecido mais tarde pelo título de conde de Porto Alegre, valente general que deixou seu nome ligado aos mais brilhantes feitos da guerra do Paraguai, e no dia 8 de abril infligiu igual derrota à força do coronel Albano de Oliveira, junto ao *Passo dos Negros*, o que lhe deu o completo domínio da cidade.

Em maio do mesmo ano Bento Manoel avança sobre Porto Alegre e o revolucionário João Manoel se dispõe a marchar sobre o Rio Grande, onde estava o presidente Araújo Ribeiro. Mas o chefe legalista Bento Manoel é surpreendido no dia 1º. de junho, às oito horas da noite, em uma sanga junto ao arroio dos Ratos pelas avançadas de Bento Gonçalves e vê-se obrigado a uma retirada precipitada. Ao passo que o revolucionário João Manoel, com uma coluna de 800 homens nesse mesmo dia chega à margem esquerda do S. Gonçalo, cujas águas estavam guarnecidas por navios de guerra da *legalidade* e aí fazendo construir dois redutos, durante a noite, pela madrugada seguinte bombardeia a esquadrilha que levanta seus ferros para recuar, dando lugar, com isso, à passagem do bravo rebelde em direção à cidade do Rio Grande. Ao seu caminho se opuseram o coronel João da Silva Tavares e Calderón, os quais, por menor número de suas cavalarias, foram varridos para o Estado Oriental. Mas, o intrépido chefe rebelde estava gravemente ferido; um tiro de bordo tinha alcançado seu rosto e já lhe faltavam as forças físicas quando o carregaram, em rede, para a cidade de Pelotas.

Apesar dessa infelicidade a sedição caminha triunfante. Os valorosos *farrapos* não descansam, lutam sempre, guiados, alentados por sua fé.

Em contra posição às suas vitórias, têm os contrários a

perseverança na causa que defendem. Ao valor das legiões insurrectas respondem com a tenacidade da sua resistência e de 14 para 15 desse mês reagem, em Porto Alegre, contra o governo dos rebeldes, prendendo o vice-presidente deles e muitos dos seus correligionários. Imediatamente Bento Gonçalves acode à capital, onde chega com mil e tantos homens de cavalaria, mas sem lograr bater os adversários. Repelido no seu intento planeja um cerco à cidade, o que realiza com eficácia.

Em socorro da cidade sitiada, já reduzida à penúria, vem Bento Manoel, que consegue levantar o cerco, batendo as forças republicanas. A tomada de Porto Alegre animou o presidente Araújo Ribeiro a mudar o seu governo para a capital da província, vindo para esse fim na esquadra do vice-almirante Greenfell, que ali chegara.

Desde o dia desse acontecimento começaram os revezes, as alternativas da guerra civil.

De ambos os lados havia valor. Os rebeldes batiam-se por um Ideal, retemperavam as suas forças na convicção da grandeza de sua causa; os legalistas procediam como soldados disciplinados batalhando pela instituição jurada, procedendo de acordo com as suas crenças. É difícil avaliar, neste caso, onde há mais patriotismo e onde mais a coragem se exalta.

São filhos da mesma terra, lutando por uma aspiração que cada parte julga mais útil e mais necessária à sua pátria; se de um lado existe a ideia da liberdade, de outro lado existe o temor da anarquia.

Por isso, vemos empenhados nessa luta terrível, travada sem tréguas, patrícios em cujos peitos o coração palpitava pelo Brasil, perseguindo a ferro e fogo patrícios cujas cabeças só pensavam no Brasil. E a balança do destino, impassível às paixões partidárias, ora inclinava-se para a esquerda, ora para a direita, pesando o valor dos feitos, sem calcular os resultados. Assim em 10 de setembro de 1836, véspera do dia em que as tropas *legais* conquistavam, ao norte da província, importante vitória no combate do passo do Couto, as forças sediciosas, sob o comando de Antônio de Souza Neto, obtinham, ao sul, um triunfo para sempre memorável nos campos do Seival.

Antes da peleja, Antônio Neto bradara aos seus comandados:
— Camaradas! não quero ouvir um tiro. Seja a carga à espada e à lança.

João da Silva Tavares que, de volta do Uruguai, comandava as tropas legais, esperou a gente de Antônio Neto com uma descarga de clavineiros, derrubando alguns adversários. Seguiu-se a luta à arma branca, e esses homens, nascidos na mesma terra brasileira, tornaram-se animais carniceiros, tal a fúria com que se atacavam. As tropas de Silva Tavares, apesar de valentes, não puderam resistir aos ímpetos dos contrários; bateram em retirada.

Foi com esta vitória, conquistada sobre um oficial destemido como era Silva Tavares, que a revolta dos *farrapos* tomou uma feição completamente diversa da que a motivara.

Insinuado pelo inteligente e bondoso militar Joaquim Pedro Soares, um dos mais atendidos guiadores dos *farrapos*, e animado pelo exemplo do Prata, Antônio Neto deu vivas à República Rio-Grandense, proclamando às suas tropas a necessidade de abraçarem a causa republicana.

Os patriotas de Jaguarão, apenas sabedores do ocorrido, acompanharam a proclamação do Seival.

Ao ter notícia da proclamação da República, Bento Gonçalves, que estava em Viamão, enquanto Bento Manoel guardava Porto Alegre, resolveu marchar para Jaguarão, transpondo o rio Jacuí. Mas os seus movimentos foram conhecidos e quando operava a passagem pela ilha do Fanfa, Bento Manoel e as forças navais do vice-almirante Greenfell derrotaram-no e o obrigaram a capitular no dia 4 de outubro.

Capitulando, foi remetido com Corte Real e Onofre Pires para Porto Alegre e daí para o Rio de Janeiro, onde os encarceraram na fortaleza de Santa Cruz, sendo mais tarde Bento Gonçalves removido para o forte do Mar, na Bahia.

O desastre da ilha do Fanfa, a prisão do chefe da revolução não desanimaram o valente Antônio de Souza Neto, que convocou uma reunião de todas as influências republicanas para a vila de Piratini, e no dia 5 de novembro desse ano de 1836, a exemplo de Jaguarão, que foi a primeira, a Câmara Municipal de Piratini proclamou a independência política da província, declarando-a desligada da obediência que devia ao governo do Brasil e elevada à categoria de Estado livre, constitucional e independente, com a denominação de *Estado Rio Grandense*, podendo ligar-se por laços de federação àquelas das províncias do Brasil que adotassem o mesmo sistema de governo e se quisessem federar ao novo Estado.

Dessa proclamação, feita em Piratini, vem o motivo de ser a guerra dos farrapos também conhecida na história pelo nome de *República de Piratinim* ou *Piratini*[41], denominação motejadora por ser essa vila um pobre lugarejo.

Com a assistência do general em chefe do exército republicano, João Manoel de Lima, procedeu-se à votação das primeiras autoridades.

Por maioria absoluta de votos foi eleito presidente da República o coronel Bento Gonçalves da Silva e durante o seu impedimento o cidadão José Gomes de Vasconcelos Jardim. Para vice-presidentes foram eleitos Antônio Paulo da Fontoura, coronel José Mariano de Matos, coronel Domingos José de Almeida e Inácio José da Silveira Guimarães. Prestados os juramentos das autoridades republicanas, foi rezado um *Te-Deum* e, após a nomeação de um ministério, entregaram o comando do exército a Antônio Neto, por se achar ainda ferido o incansável e valoroso João Manoel.

Ao tempo em que isso era feito, passavam a tomar outras disposições; criaram uma bandeira, de três faixas verticais, a externa vermelha, a do centro amarela, a terceira verde. Três cores fortes, três expressões altivas. Uma lembrava a força e a rebeldia, outra a riqueza do solo aurífero e a claridade loira do sol, mais outra — a fertilidade da natureza e o colorido simbólico da Esperança. Era também a afirmação de uma origem, representada no auriverde da bandeira brasileira, que a união da cor vermelha rematava como uma exegese: mostrando a separação com sacrifício de sangue.

Criaram repartições e tribunais, organizaram um Conselho Supremo Militar, estabeleceram o fornecimento e munício à tro-

---

41. O autor acrescentou, em manuscrito, "denominação motejadora por ser essa vila um pobre lugarejo".

pa e às famílias pobres, o meio soldo para as viúvas de oficiais e sargentos, o soldo por inteiro para as dos cabos e soldados; decretaram um empréstimo público e foram fundados curtumes de couros, um almoxarifado do exército, o arsenal militar e laboratórios de inflamáveis.

A administração republicana obedecia a uma orientação utilitária. No ano seguinte foi decretada a abolição dos escravos. Depois vieram os decretos de caráter orçamentário.

A erva-mate ficou livre de impostos, as bebidas alcoólicas sofreram a taxa de vinte por cento, e a de dez por cento recaiu sobre os gêneros de importação.

A pouco e pouco uma forma de governo regular se acentuava. Organizaram uma Diretoria Geral Topográfica, Estatística e Geodésica, para as demarcações de terras e arrolamento dos habitantes; melhoraram as adaptações que fizeram da Constituição do Império, dando ao presidente da República a autonomia consagrada no pacto fundamental norte-americano, e fazendo de seus ministros verdadeiros secretários. Nenhuma deliberação podia ser posta em prática, no tocante à administração pública, sem prévio conhecimento do povo; se o pensamento geral dos cidadãos fosse adverso à medida projetada ela seria abandonada ou modificada consoante a opinião pública...

Era a democracia nas suas mais belas expansões igualitárias.

Mas, reatando o curso dos acontecimentos, ao triunfo de Antônio Neto, nos campos do Seival, corresponde a derrota de Canabarro, que Bento Manoel joga para a fronteira uruguaia. Em compensação, ao norte da província, o revolucionário Agostinho de Melo vencia o tenente-coronel Antônio Manoel de Azambuja, matando o seu estado-maior. Em seguida Agostinho de Melo marchou contra Rio Pardo, defendida por Andrade Neves, derrotou-o no dia 10, apoderou-se da vila e de duas bocas de fogo, e permaneceria nela se não fosse a derrota que lhe infligiu, em princípio de fevereiro, Gabriel Gomes, ali mandado por Bento Manoel.

Nesse tempo um acontecimento trouxe aos republicanos grande vantagem: bandeou-se para o lado deles o chefe das forças imperialistas, o intrépido Bento Manoel Ribeiro.

Foi motivo dessa deserção a nomeação do brigadeiro Antero José Ferreira de Brito para substituir o dr. José de Araújo Ribeiro, na qualidade de presidente e comandante em chefe do exército imperial em operações na província de S. Pedro do Rio Grande do Sul.

A Corte do Rio de Janeiro assim procedeu julgando pôr termo à guerra civil, mais rapidamente do que lhe parecia ser possível com os planos seguidos pelo dr. Araújo Ribeiro. Mas o brigadeiro Antero, tendo-se reunido aos *ultracaramurus* e fazendo a política que eles o aconselhavam, bem cedo desgostou os chefes das forças imperiais, perdendo desde logo a valiosa cooperação do ativo comandante supremo!

Bento Manoel passou em Caçapava o comando ao coronel João Crisóstomo da Silva, depois de ter licenciado todo o exército, e à frente de forças republicanas saiu ao encontro do presidente Antero, prendendo-o ao transpor, na noite de 23 de março, o arroio Itapevi.

Deu-lhe voz de prisão o capitão Demétrio Ribeiro e Bento Manoel conservou-o como refém até 9 de janeiro de 1838, em que o *ofereceu* em troca do prisioneiro republicano tenente-coronel Francisco Xavier do Amaral.

Sendo aceita a permuta dos prisioneiros, Antero de Brito foi solto na freguesia do Viamão.

Quando Bento Manoel uniu-se aos republicanos, chamou para suas fileiras o tenente Manoel Luiz Osório, mas esse recusou-se alegando ter jurado servir à legalidade e, assim, custasse-lhe sacrifícios, serviria até a morte ao partido a que se ligara mais por dever de soldado que por opinião política.

Diante do infeliz sucesso do presidente Antero, a Regência nomeou presidente da província o marechal Francisco das Chagas Santos, em maio, e logo em junho destituiu-o do poder para nomear em seu lugar Feliciano Nunes Pires, que lhe parecia capaz de debelar a gravidade da situação.

As providências da Corte falharam por mais uma vez. O presidente Pires era simpático aos republicanos e esse fato tornou-o suspeito aos *caramurus*, à frente dos quais estava, como sempre, o dr. Pedro Chaves. Os embaraços criados pela oposição política concorreram grandemente para a reprodução de desastres durante o governo desse presidente.

O primeiro foi em julho. As forças do marechal Sebastião Barreto, que andavam nas proximidades dos campos do Atanagildo, sabendo que, na noite de 7, Bento Manoel viria à estância de um amigo unicamente acompanhado por seu filho, o dr. Sebastião Ribeiro, destacaram uma escolta para matá-lo. Bento Manoel teve notícia do ardil que preparavam e pôs-se em contramarcha. A escolta o alcançou, fez fogo e retirou-se convencida de tê-lo morto. Bento Manoel caiu ferido. Com presteza acudiram as forças revolucionárias, que à meia légua se achavam, carregaram sobre as forças do marechal Barreto, derrotando-as, conseguindo o marechal escapar-se a custo.

O segundo foi no Triunfo, em 12 de agosto. Nunes Pires expediu Gabriel Gomes, embarcado num vapor com uma força para essa vila. Antônio Neto, avisado em tempo da comissão do *legalista*, marchou para Triunfo com forças superiores, apanhou Gabriel Gomes em caminho, bateu-lhe as forças e o matou.

Isso feito, Antônio Neto, digno substituto de João Manoel de Lima, correu prestes a Porto Alegre para apertar o cerco. Dir-se-ia que a sua cavalaria não galopava, voava; tal a rapidez dos seus movimentos! Com o aperto do sítio o comandante da praça, que era o brigadeiro Cunha, pensou em desafrontar a cidade com uma investida, a que deu o nome de reconhecimento. Para tal fim escolheu um batalhão, o oitavo de linha, sob o comando do major Mazzarredo, brasileiro adotivo e destemido militar, adepto intransigente da *legalidade*. Fora dos limites urbanos a força de Mazarredo enfrenta com a dos revolucionários. Travam o combate. Os gaúchos brandindo lanças, espicaçam seus corcéis que se arremessam sobre o adversário; Mazzarredo firma-se corajosamente cercado[42] dos seus infantes. Vem a primeira tempestade de cavaleiros, o batalhão atira, cavalos e homens reboleiam-se na terra. Sucede-lhe outra. Essa é formidável. Não há vozes humanas. Os olhos apenas veem uma nuvem de poeira na planície, os

---

42. O autor substituiu "'a frente" por "cercado", à margem e em manuscrito.

ouvidos percebem o rumor surdo dum desabamento... Afinal, tudo se transforma numa avalanche infernal de ferros em riste, em uivos de cólera. Ainda a tempestade era nuvem e já uma descarga partia da fila dianteira dos infantes ajoelhados. Ao crescer da rajada, outra descarga rasga de vermelho relampejante a frente da segunda fila que está de pé, durante o mover de lâminas da primeira que eleva uma estacada de aço. Mas outra carga desaba. Sobre os ombros da segunda fileira estalam as espoletas da terceira turma do quadrado... E uma lança, varando do inferno de pó, de brutos e de homens, crava-se no peito do valente Mazzarredo que faz um gesto para a reter, porém, falto de forças, estonteia e tomba sobre o terreno pesadamente. Estava morto. O batalhão recua, acossado.

Nessa época, por uma mudança política na Corte, foi o presidente Nunes Pires substituído pelo marechal Antônio Elisiário de Miranda e Brito, que em 3 de novembro assumiu a administração da província e o comando em chefe do exército legal. Como outros presidentes, o marechal Elisiário deixou-se dominar pelo partido *caramuru*, donde resultaram os seus insucessos.

No mês anterior ao da posse do governo do marechal Antônio Elisiário, o coronel Bento Gonçalves conseguiu evadir-se do forte do Mar como, pouco tempo antes, Onofre Pires e Corte Real tinham fugido a nado da fortaleza de Santa Cruz. Inesperadamente os fugitivos apresentaram-se no Rio Grande do Sul. Bento Gonçalves, movido pelo mesmo ardor revolucionário, mas, agora, resolvido a sustentar a instituição proclamada em Piratini, tomou a testa dos exércitos republicanos. Logo ao primeiro encontro com o inimigo, comandado pelo marechal Elisiário, em pessoa, infligiu-lhe tamanha derrota que o marechal ficou desmoralizado para sempre, levado a uma série ininterrupta de desastres em que o desatino do infeliz militar causava dó. O desprestígio do marechal Elisiário obrigou a partida imediata do Ministro da Guerra do governo imperial para os campos rio-grandenses, e o decreto da substituição dele pelo marechal Manoel Jorge Rodrigues, sendo então o governo *legal* entregue ao dr. Saturnino de Souza Oliveira.

Enquanto o presidente e o marechal Rodrigues concertavam novos planos de guerra, os republicanos faziam tremular a sua bandeira tricolor ao norte da província, acenando aos que a viam o caminhar triunfante de seus soldados.

David Canabarro e José Garibaldi, o bravo *condottiere* italiano que deixou na Europa seu nome escrito na primeira linha da eterna lista dos heróis, ao lado dos grandes capitães, compreenderam a vantagem que lhes traria um porto de mar na costa do Atlântico, por ser impossível assenhorearem-se da lagoa dos Patos em poder de fortíssima coluna imperialista. Combinada a maneira de levar avante esta difícil mas útil ideia e já possuidores de uma esquadrilha de enormes lanchões, Garibaldi fez construir colossais carretas onde descansou seus barcos, e atrelando-as, cada uma delas, a cem bois possantes, viu-as, com entusiasmo de todos os seus *voluntários*, moverem-se por uma extensão de dezoito léguas até a lagoa Tramandaí, de onde passou para o oceano, abrindo seus pavilhões às virações livres do deserto.

O exército do valente Canabarro seguia por terra em direção da Laguna. Apenas em pleno mar, Garibaldi passou-se para a escuna *Rio Pardo*, que tinha sido apresada com o nome de *Libertadora*, seguida das escunas republicanas *Caçapava* e *Seival*, do comando do americano João Griggs e do italiano Lourenço. Mas, suspensas as âncoras e trilados os apitos para a manobra ao largo, saiu-lhes pela proa a corveta imperialista *Regeneração*, comandada pelo capitão-tenente Francisco Romano da Silva. Sem perda de tempo a corveta despejou sobre o inimigo suas baterias. Durante cinco horas o fogo roncou incessante, bem sustentado de parte a parte, apesar do forte vento e do grosso mar que sofreavam a marcha da esquadrilha republicana.

Por fim Garibaldi procura reparar os prejuízos sofridos refugiando-se no porto de Imbituba, onde salta e prepara um fortim, que a sagacidade o aconselha pela probabilidade de uma visita do inimigo, talvez mais aparelhado por outros recursos. E bem atinado foi, porque ao raiar da alva surgiram no porto os cascos arrogantes das escunas *Andorinha*, *Bela Americana* e patacho *Patagônia*, do cruzeiro imperial. De novo a luta recomeçou. O fortim, armado de um canhão do *Seival*, correspondia ao mortífero fogo dos navios imperiais que, apesar das boas condições da marinhagem, sofriam danos com as descargas da esquadrilha republicana. Em pouco tempo o bordo do *Rio Pardo*, metido entre terra e o inimigo, ficou coberto de cadáveres. O sangue coloria de rubro as tábuas do convés e a mutilação dos corpos confundia-se com a desordem das munições e dos utensílios náuticos. No entanto, os republicanos não desanimavam. Em meio dos destroços da escuna revolucionária, Anita, a catarinense, a heroica brasileira que ligara seu destino e seu nome aos do *condottiere* italiano, de espada em punho, animava seus intrépidos companheiros, fazendo-os redobrar de esforços os assomos da coragem pela voz vibrante do seu mando. E já baixava a noite quando os imperiais, assombrados de tanto valor e cansados da refrega, mandaram sair a *Bela Americana* em busca de socorros. Então, no silêncio noturno, iludindo a vigilância dos dois restantes vasos inimigos, Garibaldi conseguiu escapar-se com sua esquadrilha para o porto da Laguna, onde chegou pela madrugada de 6 de novembro de 1839, após dois dias de terrível combate. Laguna caiu em poder dos republicanos e passou a chamar-se cidade *Juliana*, elevada a capital do novo Estado da Confederação Rio-Grandense.

 A notícia da tomada da Laguna vivamente impressionou a Corte, pois, segundo a afirmação do ministro da guerra Rego Barros, em seu regresso do Rio Grande, a revolução não podia sair daquela província, onde se extinguia à míngua de todos os recursos. Com a Laguna teriam os republicanos um bom porto de mar em concorrência com o Rio de Janeiro, recebendo por ele os gêneros necessários ao consumo de suas forças e munições de guerra.

 A Regência do Império cuidou desde logo de mandar ao sul o marechal Soares de Andréa, depois barão de Caçapava, que violentamente pacificara a província do Pará; e assim fez, entregando em suas mãos plenos poderes para governar a província de Santa Catarina. Com o marechal seguiram duas divisões da esquadra às ordens do capitão de mar e guerra Frederico Mariath que, em 15 de novembro de 1839, forçou a barra com a divisão da vanguarda, do comando dos 1ºˢ. tenentes Francisco Pereira Pinto (mais tarde barão de Ivinheima), Francisco Luís da Gama Rosa e 2º. tenente Manoel Moreira da Silva. O bravo Garibaldi recebeu a esquadra de Mariath com os cumprimentos devidos a um inimigo ousado. Durante quinze minutos a descoberta esquadrilha republicana sofre à queima-roupa o desesperado fogo das quatro canhoneiras, dois brigues e duas escunas da divisão imperial. Mas, ao valor dos imperiais opunha-se a temeridade dos republicanos. Encobre o espaço um turbilhão de fumo que a ventania, zumbindo, redemoinha; o mar acompanha em coro ao embate furioso das espumantes vagas e o estampido dos tiros atordoa. A devastação entoara a orquestra infernal. Na fumarada imensa os escuros bojos dos navios ondulam fantasticamente bolçando chamas, e sibilam as balas por entre vozes blasfemadoras, trilhos de manobra e gemidos de moribundos. Gama Rosa e Pereira Pinto recebem ordens de atacar o *Itaparica*, onde ziguezagueava a insígnia do chefe revolucionário, lúbrica e atrevida como a língua flamante de um monstro em delírio. Mal se aproximam, uma explosão ribomba, levando aos ares os restos desse glorioso barco, que se não rende. Há cinco horas que os bravos se batem sem descansar. O sangue corre aos borbotões, os homens morrem. Um terço da marinhagem imperial sucumbiu, a maior parte dos republicanos está em horríveis pedaços dispersos. João Griggs foi dividido em duas partes por uma metralha; o peito do valoroso Henrique de Raguna, comandante do *Itaparica*, recebe em cheio uma bala de canhonada que o perfura e o deixa como a boca rubescente de um canhão por onde a chama se liquidificasse em torrentes de sangue.

    David Canabarro, em terra, sustenta suas posições com um denodo épico. A cada arremesso da infantaria naval de Mariath, o rio-grandense espera impávido, respondendo à morte com a morte. Mas a resistência torna-se impossível. A retirada começa. Garibaldi manda atear fogo às suas embarcações e Anita, debaixo de um chuveiro de balas, recolhe os restos das munições, e de pé à popa de um pequeno escaler, enquanto a tripulação se curva ao zumbir dos projéteis, ela é como um anjo guerreiro, serena e intrépida, a face morena de brasileira febril de coragem e a claridade branca de seus dentes sorrindo desdenhosamente à claridade vermelha dos canhões, tal se fora, nesse momento, a encarnação da República alentando o ânimo de seus defensores, em plena apoteose do terror![43]

A bandeira tricolor de Piratini, que os catarinenses afagaram, porque pensavam na libertação da sua terra, deixou de tremular às virações oceânicas que alimentam aquele forte e inteligente povo de marítimos. Os seus republicanos desertaram, entre eles o padre Vicente que estivera investido da autoridade suprema da república ali estabelecida. Muitos desceram para o Rio Grande acossados pelo exército de Pedro Labatut, posto ao serviço da Regência como estivera ao de Pedro I. E, enquanto esse ousado empreendimento se desmantelava, nas campinas e coxilhas rio-grandenses as lutas corriam incessantes, infelizmente tomando uma triste feição de parcearias. As discussões e dissidências dividiam em grupos os representantes da Constituinte republicana, provocavam distúrbios sangrentos. Antônio Paulo da Fontoura fora assassinado, Onofre Pires morria em duelo com Bento Gonçalves, João Manoel de Lima expirava às mãos dum homicida.

43. Toda esta descrição, desde a página 222 até a presente chamada, foi brilhantemente traduzida em italiano pelo ilustre literato Alceste de Ambrys, sob o título: "L'Epopea Garibaldina nel Brasile". (N. do A. /1905).
O trecho referido pelo autor baseia-se na primeira edição de 1898 (pp. 219 a 223). Já modificado na segunda edição (1905), está nas pp. 233-238. Inicia-se a partir de "... David Canavarro e Giuseppe Garibaldi, il prode conduttiero italiano" e termina com: "nella piena apoteosi del terrore." Localizamos, no acervo de Gonzaga Duque, na Casa de Rui Barbosa, um recorte de jornal antigo, com a referida versão em italiano, assinada por Alceste de Ambrys e sem maiores indicações. É bem provável tratar-se de matéria publicada no jornal socialista *Avanti!*, editado em São Paulo, a partir de 1900. Na consulta feita à coleção do Arquivo Edgard Leuenroth, na Unicamp, não foi possível localizar o referido artigo. Dois fatos, porém, reforçam essa hipótese: Ambrys (1874-1934) viveu no Brasil entre 1898 e 1903, sendo um dos fundadores e redatores de *Avanti!* Em sua bibliografia reunida, não consta nenhuma referência avulsa a Gonzaga Duque, a Garibaldi ou à Guerra dos Farrapos. Cf. CANDIDO, Antonio. *Teresina etc.* Rio de Janeiro, Paz e Terra, 1980; PAVAN, Massimiliano (dir.). *Dizionario biografico degli italiani.* Roma, 1987; ANDREUCCI, Franco & DETTI, Tommaso (coords.). *Il movimento operàio italiano: dizionario biografico.* Roma, 1976, v. 2.

Não obstante os revezes republicanos, a Corte andava estonteada, nomeando e demitindo presidentes e generais. Sucessivamente tinham estado no Rio Grande, Alves Machado, Saturnino de Souza pela segunda vez, general João Paulo Barreto, conde do Rio Pardo e brigadeiro Silva Bittencourt.

Afinal, foi nomeado o barão de Caxias para presidente e comandante das armas da província.

Quando o barão de Caxias tomou o comando do exército imperial, em fins de 1842, toda a campanha do Rio Grande ainda estava dominada pelos republicanos.

Pouco tempo depois, Bento Gonçalves entregava o governo a José Gomes de Vasconcelos Jardim, submetendo-se, modesta e abnegadamente, a ser um auxiliar da República como simples comandante de uma coluna de *farrapos*. Por sua vez Antônio Neto era substituído, na chefia geral das forças, pelo coronel David Canabarro, o denodado companheiro de Garibaldi que se passara para o Uruguai e Bento Manoel voltava para os imperialistas.

O general barão de Caxias começou o seu comando por um golpe ardiloso, que deveria ter desorientado os adversários. Combinou uma manobra de forças, tão bem tramada, que iludindo os farrapos postados à sua espera no *Passo dos Canudos* do rio S. Gonçalo, facilitou-lhe obter no Rincão dos Touros as cavalhadas necessárias ao seu exército, atravessando o rio, incólume, pelo *Passo das Barras!*

Aparelhado para uma guerra franca, e tendo atendido a todos os meios de desalojar os *farrapos* dos melhores pontos, deu princípio à luta. Os sete mil homens do seu exército, a que se ajuntaram voluntários e guardas nacionais da província, foram divididos em sete brigadas, confiadas a militares experimentados, entre os quais os coronéis Caldwell, Marques de Souza, Felipe Nery, Silva Tavares e Medeiros.

Os republicanos, não obstante a sua indômita valentia, compreenderam que estavam em luta com um general que era mais do que um cabo de guerra ou um comandante em chefe, era também um grande estrategista, chefe de comando e de ação, resoluto, enérgico e previdente.

Então os *farrapos*, esquivando-se de aceitar batalha campal, iniciaram as guerrilhas, coadjuvados pelo general uruguaio Fructuoso Rivera.

O barão de Caxias viu logo a impossibilidade de manter-se numa guerra de recursos, estafante e inglória e, como Fructuoso Rivera declarara-se contra o seu patrício general Oribe, que contava os melhores elementos do partido *blanco* ali em dissidência, pensou em se aproveitar desse ensejo. Proposto o acordo com Oribe, que o aceitou, Fructuoso Rivera pretendeu servir de intermediário da paz entre *farrapos* e imperialistas. Nesse sentido enviou um ofício ao barão de Caxias que, para lhe não escrever, e no intuito de repelir as sua pretensões, confiou a resposta ao inteligente e bravo tenente-coronel Manoel Luís Osório, a quem o barão muito estimava e promovera ao posto de major quando chegou ao Rio Grande, em apreço dos méritos do mais tarde ínclito marquês do Herval.

A comissão de Osório foi realizada com o melhor êxito, e de tal maneira que um ministro da República de Piratini, Antônio Vicente da Fontoura, encontrado por Osório em casa de Rivera, o acompanhou até o Rio Grande, e se lhe declarou pronto a aceitar a paz.

E esta devia vir. A situação dos *farrapos* agravava-se dia a dia. Algumas vitórias ainda alcançavam mas insignificantes. O recurso da internação da fronteira tornara-se-lhes difícil depois do acordo de Oribe, o desânimo aparecia e seus desastres aumentavam-no. Em Jaguarão sucumbia Antônio Manoel do Amaral; em Quaraí era Fernandes Lima vencido, em Sarandi, Jacinto Guedes Polvadeira, comandante da vanguarda de Canabarro, foi morto e o próprio Canabarro vencido em Porongos, por Francisco Pedro.

Diante desses revezes que o destino encadeava os republicanos tiveram de ceder, e sem desonra porque iam tratar diretamente com um general patrício, que se fizera bem-querer pelos rio-grandenses por sua justiça, energia e bondade. Demais, um inimigo comum sobressaltava os brasileiros de ambos os campos. Era D. Juan Manoel Rosas, o ditador de Buenos Aires, que, parece, sonhava fazer ao Rio Grande o que D. João VI à viva força fizera com a Cisplatina.

Em 1º de março de 1845, em Ponche Verde, foram solenemente juradas a união e a tranquilidade da província do Rio Grande do Sul, garantidas pelo valor militar desse grande general que a monarquia cobriu de honras até às principescas de um ducado, com temor da sua espada invencível, e cujos serviços inestimáveis, tanto para ela quanto para a integridade nacional, ingratamente esqueceu apenas a morte paralisou seu coração e empederniu seu braço em 1880.

XVII
REVOLTA PRAIEIRA
(Revolta do Partido Liberal de Pernambuco — 1849)

Havia muito tempo que, no interior da província de Pernambuco, os motins se desenvolviam por motivos eleitorais entre o partido liberal ou *praieiro* e o partido conservador, também chamado *guabiru* ou *miguelista*.

O presidente Herculano Ferreira Penna seguia uma política de represálias e perseguições, negando quartel aos adversários que, sob ameaças, desalojados dos cargos públicos, anulados nas suas influências, levantaram pelas colunas do *Diário Novo*, publicado na capital sob a direção do general Abreu Lima, uma oposição sem tréguas, igual na defesa às invectivas do ataque. A irritação das questões originou os desforços partidários. Um grupo conservador, guiado pelo faccioso José Pedro, aterrorizava os moradores do recôncavo com sanguinárias correrias. O juiz municipal de Pajeú havia expirado vítima dos bárbaros golpes dos faccionários; em Genipapo um adversário político fora assassinado pelos *guabirus* nos trêmulos braços de sua esposa alucinada pelo terror e diante de seus filhinhos que imploravam, entre lágrimas, ajoelhados e horrorizados, piedade para ele! Cresciam de dia a dia os lamentáveis desvarios dos asseclas da situação política. Por fim, um encontro entre os dois partidos teve lugar em Mussapinho, impressionando todo o país com um tristíssimo derramamento de sangue. E logo sobre esses fatos, o golpe de Estado que dissolvia, em 1848, a representação nacional temporária, diminuiu o restante, mal seguro equilíbrio econômico da província. Os deputados *praieiros*, à frente dos quais se achava o doutor Joaquim Nunes Machado, um dos mais considerados liberais pernambucanos, tendo-se reunido no Recife, publicaram um *manifesto* rompendo definitivamente com a situação.

Estava declarada a revolta.

Entendeu o governo da Corte substituir o presidente de Pernambuco para evitar a luta, mas necessitando de um homem inflexível, que reprimisse os males e ao mesmo tempo dominasse os adversários políticos, escolheu o desembargador Joaquim Vieira Tosta (mais tarde barão, visconde e marquês de Muritiba, falecido em fevereiro de 1896) já designado para administrar a província do Maranhão. A escolha era evidentemente calculada. O desembargador Vieira Tosta tinha fama de arbitrário e tenaz, e provou tais qualidades com a posição ofensiva que tomou, apenas empossado do governo da província, em cuja capital os *praieiros* agitavam a flâmula do nativismo em desafio à bandeira dos *guabirus*, que protegia os estrangeiros inquietos com a propaganda a favor da nacionalização do comércio a retalho.

Chegando Vieira Tosta ao Recife, a agitação redobrou de furor oposicionista. Em Igarassu o tenente João Inácio Ribeiro Roma, partidário dos *praieiros*, organizou as forças dos rebeldes do norte, formando uma coluna de mil homens com os contingentes levados por Manoel Teixeira de Moraes, conhecido por Moraes de Inhamã, João Paulo Ferreira, da guarda nacional de Olinda; Henrique Pereira de Lucena, a maior influência da comarca do Limoeiro, e outros.

A esta força reuniu-se Antônio Borges da Fonseca, chamado o *República* por ter sido proprietário de um jornal com este título publicado no Rio de Janeiro, homem inteligente e guiado por ideias adiantadas, mas ambicioso e irrequieto e que ligou à revolta a sofreguidão do seu espírito.

Pela mesma ocasião o deputado Nunes Machado e outros companheiros seguiram para o sul de Pernambuco, a fim de ali estabelecerem o centro das operações de guerra. Treze dias depois, em 13 de janeiro de 1849, foi distribuído no Recife um segundo *manifesto*, com o título *Ao Mundo*, assinado pelos chefes militares da coluna do norte e Borges da Fonseca, enquanto a mesma coluna descia para Água Preta a fazer junção com a gente nesse lugar acampada.

A repressão de Vieira Tosta não esmorecia diante das simpatias e socorros conseguidos pelos *praieiros*; o presidente contava com as interesseiras dedicações do comércio estrangeiro, um poderoso exército ao mando do general Joaquim Coelho (barão da Vitória, depois da *Sabinada*), a gentalha dos bandos entregues a experimentados caudilhos, alguns deles sobreviventes da *Cabanada*, conhecedora do terreno que pisava, e uma esquadra sob as ordens do bravo chefe Joaquim José Inácio, mais tarde visconde de Inhaúma. Enfeixando esses recursos Vieira Tosta golpeava violentamente os rebeldes. Uma folha da opinião liberal, *Voz do Brasil*, sofreu ataque à mão armada em suas oficinas; o *Diário Novo* era obrigado a trazer em branco a coluna editorial em que devia noticiar o movimento rebelde; a par com esse proceder ele desenvolvia uma polícia sagaz por todos os escaninhos da cidade e mandava distribuir profusamente o seguinte *edital*, firmado com a sua assinatura — "O presidente da província oferece o prêmio de *três contos de réis e o perdão de qualquer crime que houver incorrido* a quem prender e apresentar com segurança ao mesmo presidente ou a qualquer autoridade legal, alguns dos chefes dos revoltos os abaixo mencionados: Félix Peixoto de Brito e Melo, Antônio Borges da Fonseca, João Inácio Roma, Pedro Ivo Veloso da Silveira."

Contudo, os *praieiros* tentavam opor à terrível repressão do presidente uma bem combinada ação de armas que lhes trouxesse vitória. Três divisões organizadas tinham sido confiadas ao comando de Pedro Ivo, João Roma e Moraes de Inhamã. Os deputados Vilela Tavares e Lopes Neto, às ocultas e com risco de suas vidas, vigiavam na capital os passos dos *guabirus* e as medidas do presidente, conseguindo superar inúmeras dificuldades para comunicarem aos membros do diretório sedicioso, em Água Preta, os resultados de suas espionagens.

No dia 27 de janeiro, às 4 horas da tarde, as divisões dos rebeldes levantaram acampamento em direção do Recife. Mas, o inimigo, estava vigilante; e para escapar de guerrilhas cansativas, as divisões fizeram um extraordinário movimento de flanco, glorioso para seus chefes, e que se atribui à estratégia militar de Pedro Ivo. Depois de penosa jornada por ínvios caminhos e regiões desertas, onde até faltava água para estancar a sede, batendo a pé um trajeto de trinta léguas, sob os raios abrasadores do sol desse mês veranico, chegou o bravo exército revoltoso às vizinhanças da capital, então tranquila nas trevas da noite de 1º. de fevereiro. No dia seguinte a infantaria dos rebeldes começou a tirotear com as avançadas adversárias, operando um ataque simultâneo das duas divisões, a que avançava pela Soledade, conduzida por João Roma, a que ia pelo sul, guiada por Pedro Ivo. Depois de longo e renhido combate a divisão do sul franqueou as trincheiras da cidade. Nunes Machado, que acompanhava a divisão de João Roma, recebeu notícia do sucesso e correu a participar da vitória daqueles valentes soldados; aí chegado e como o tiroteio fosse incessante e porfiado, ele quis conhecer pela seteira de um muro a posição dos atacados; na ocasião em que observava recebeu uma bala na testa, morrendo instantaneamente.

Estavam os revoltados conquistando o terreno aos governistas, quando apareceu pela retaguarda deles o exército do barão da Vitória que também fizera uma famosa contramarcha. A luta tornou-se horrorosa porque os rebeldes viram-se estreitados entre dois nutridos fogos, perdendo em poucas horas o quanto tinham conquistado com heroico esforço. Lucena, Leandro Gomes e Feitosa de Melo, oficiais comandantes dos *praieiros*, apesar da bravura com que se portaram, caíram prisioneiros; duzentos mortos, quatrocentos feridos e aprisionados foram os prejuízos daquelas divisões que às claras horas da manhã avançavam ao som vitorioso das cornetas e à tarde tocavam em retirada, chamando a reunir, perdendo armas, bagagens e grande parte da sua gente porque o resto debandava em fuga, sendo perseguido até Afogados, onde morria como *formigas*, para repetir a cruel comparação do general Coelho. Disse ele: "... *semearam-se como formigas errantes pela campina...então sofreram aqui e ali um vivo fogo ti queima-roupa, sem poder salvá-los a ligeireza com que se escapavam porque enfim a cavalaria fez o resto que não pôde fazer o alcance das baionetas da tropa, que furiosa os perseguia a ferro frio, por se não quererem render, preferindo lançarem-se ao mar embora não fosse ali melhor a sua sorte."*

A desumana derrota que os governistas infligiram aos rebeldes não parou nesse bárbaro massacre; os vencedores varejaram e saquearam as casas dos que supunham coniventes com a revolta e dos que o ódio pessoal, aproveitando o desenfreamento das iras, apontava; as prisões foram feitas em massa, e as humilhações tripudiaram sobre a vergonha e o medo dos vencidos. Em pouco tempo a esquadra estacionada no porto não era bastante para guardar os presos mais importantes, e foi contratada a barca mercante *Tentativa Feliz*, para receber as novas remessas de homens. O *mata-praieiro* e o *mata-cabano* eram os gritos de entusiasmo que a tropa, em promiscuidade com estrangeiros e *guabirus*, fazia soar nas ruas, outrora desertas pelo terror do grito nativista *mata-marinheiro*, com que também os confederados de 1824 instigavam seus partidários contra os portugueses.

Com os restantes, que poucos foram, formou-se uma pequena coluna de resistência para operar nos sertões. Mas, inutilmente, porque pouco depois João Roma caía prisioneiro; Borges da Fonseca foi agarrado nas matas do Cabá e Pedro Ivo, que se internara a fazer junção com o caudilho da *Cabanada*, Caetano Alves, ao termo de longo período de escaramuças, seguindo os conselhos paternos[44] apresentou-se ao novo presidente da província, Honório Hermeto Carneiro Leão. Dos chefes foi Pedro Ivo o mais temido, por isso veio para a fortaleza da Lage, na barra do Rio de Janeiro, donde fugiu para embarcar-se num navio de rumo feito à terra estrangeira, desaparecendo nos véus misteriosos de uma morte que, segundo uns — foi um crime ardiloso, segundo outros — o desfecho de uma moléstia contraída durante as privações da luta e do cárcere.

A anistia apagou os ressentimentos partidários e, na história política do segundo império, esta revolta ficou como a última ação da dignidade do povo que sabia morrer por suas convicções. Depois as guerras internacionais exigiram-lhe sacrifícios e a corrupção, triunfando sobre o seu valor, conseguiu enfraquecê-lo, porém carunchando a força de que ela emanava, o que era cavar o próprio túmulo.

---

44. O autor acrescenta o adjetivo "paternos", em anotação manuscrita, à margem.

XVIII
PROCLAMAÇÃO DA REPÚBLICA
(Rio de Janeiro — 15 de novembro de 1889)

Ainda os canhões fumegavam e as espadas enodoavam-se com o coágulo dos morticínios, ainda os últimos frêmitos da refrega repercutiam nos corações dos lutadores vitoriosos e o país aspirava num alívio a oxigenação da paz, e já o ideal republicano voltava ao pensamento dos brasileiros que terminavam a campanha dos cinco anos nos *chacos* do Paraguai.

O conde de Porto Alegre, um dos bravos dessa feroz guerra de extermínio, convicto da sua influência nos corpos que com ele tinham transposto as rubras baterias inimigas, propunha ao legendário general Osório, marquês do Herval, a sublevação do exército em favor da República, proposta que o herói de *24 de Maio* recusou por considerar inoportuno o momento.

Na Corte, onde o imperador aparecia trazendo no prematuro encanecimento das barbas o atestado do quanto o preocupara a luta da tríplice aliança sul-americana, onde as dádivas e as graças correspondiam aos interesseiros serviços e às descabidas ambições; na Corte, neste mesmo território neutralizado pela centralização de todos os elementos úteis ao trono, ádito do império onde a corrupção enobrecia o serviçal, as concessões armavam os echacorvos[45], as verbas secretas arregimentavam beleguins e esbirros; os republicanos fundavam uma folha de propaganda, cuja publicação foi iniciada com um célebre *Manifesto*.

Em seguida, a criação de um clube, vindo secundar a obra da propaganda, estabeleceu os princípios básicos do partido, uniu os correligionários e conseguiu que um poderoso movimento de adesão se despertasse em S. Paulo que também fundou um clube. Por todas as províncias do império espontaneamente surgiram simpatias à causa republicana. A mocidade das Escolas,

---

45. Trata-se de uma adaptação do castelhano "echacuervos" que significa alcoviteiro, embusteiro.

guiada por mestres que ostentavam convicções contrárias ao regímen *jurado*, abraçou com entusiasmo a nova bandeira agitada. Poetas que a juventude amava, oradores que o povo seguia arrebatado pela influência de suas palavras, jornalistas que manejavam com destreza a pena política, literatos que tocavam na emotividade dos leitores a fibra patriótica, prestaram seus talentos à defesa da fé que vinha emergindo do crepúsculo desse tempo de lutas e cansaço a que, numa bajulice esbeiçada de néscios, os turibulários cortesãos chamavam — *reinado da paz!*

Os apóstatas e trânsfugas, perjuros e desertores por fraquezas do espírito bruxuleante ou saturações da vileza, que tinham trocado suas aspirações de livres pelas medíocres regalias do servilismo; os ineptos que se arrastam nas passividades como as lesmas no lodo, os insensatos que não meditam sobre a experiência e o futuro, formaram as avançadas defensoras do trono. Inútil e tardia foi a guarda mercenária do auliculismo.

Durante quarenta e oito anos de existência monárquica o povo passou em constantes e vexosos sacrifícios. As desanimadoras lutas da independência, que sucederam às sufocadas tentativas da emancipação política e social; a infeliz guerra da Cisplatina, os motins sanguinolentos, as revoluções terminadas em hecatombes, as encarniçadas revoltas políticas, desde 1822 até 1849, a guerra de Rosas em 1851, a guerra do Estado Oriental em 1864, a guerra com o Paraguai em 1865, concluída em março de 1870; os insanáveis defeitos intestinos que as camarilhas de D. Pedro I provocaram na administração do país; a imprevidência e descalabro das finanças; o espantoso desprezo pelo bem-estar material da população, que vivia encurralada em cidades participantes da feição tristonha de miseráveis aldeias e das repugnantes senzalas, como se o *meio externo* fosse uma banalidade de mundanos ou um luxo de voluptuosos; o atrofiamento de expansões generosas pela incapacidade da maioria dos homens do governo, a acefalia de todos os serviços da nação; o impaludismo politiqueiro com que a desenfreada ganância dos pretendentes à pingue *representação nacional* desmoralizou a dignidade popular, desenvolvendo em último grau atingível o dissolvente nepotismo e a indigna advocacia administrativa, minaram os alicerces do trono brasileiro, imprimindo-lhe a oscilação de um palanquim, não conduzido no dorso cinzento dos elefantes pausados, mas nos ombros vergastados dos negros escravos.

No primeiro momento que a nação teve necessidade de, após tão longo tempo de sanguinolento caminhar, adquirir seu direito de partícipe da comunhão civilizadora, sentiu-se ringir nas conjunturas carcomidas do trono o abalo que ele sofria pela imperfeição de suas bases. A lei de 28 de setembro de 1871, libertando o filho da mulher escrava e que foi uma reivindicação do brio nacional, deprimido com o proposital esquecimento de alguns artigos do projeto constitucional de 1823 e com os abusos que sufocaram o humanitarismo da lei de 7 de novembro de 1831, veio provar claramente que qualquer medida de progresso seria uma lufada derrocadora para a monarquia.

O erro da implantação monárquica, quando não bastasse o exemplo da unidade estabelecida no regímen governativo das demais nações americanas, aparecia desnudado de todas as conveniências diante desta dificultosa e lenta marcha da civilização, a que se opunham os interesses pessoais do conservadorismo, representado pela riqueza das classes dirigentes.

No entanto o povo não era *monarquista*, nem mesmo aqueles que se reduziram ao servilismo das *boas graças* tinham a convicção da superioridade monárquica porque, pelo elemento que compunha a sociedade, o *burguesismo* dominava como classe principal. As monarquias burguesas são, como as repúblicas ditatoriais, insustentáveis.

O segundo imperador do Brasil não foi mais que um *monarca burguês*, produto de tendências herdadas de seu avô paterno e de sua mãe; preparado pelos infelizes sucessos da sua primeira idade que o fizeram órfão abandonado aos seis anos, sem cuidados femininos, olhado de esguelha pelos que tramavam junto de seu berço a restauração do poder de seu pai, e desenvolvido pela direção espiritual de seus preceptores burgueses. Imperador por comodismo de velhos timoratos e políticos educados na vida casmurra de burguesões lusitanos, à testa de um povo de colonização, isto é, composto de raças diferentes em que a dominante não tinha o firme caráter e a útil atividade dos criadores da América inglesa, nem o nobre orgulho e a quente ambição dos primeiros senhores das terras que formam a península banhada pelo Pacífico e pelo Atlântico, do Equador para as regiões do estreito de Magalhães; composto de mestiçagem, duma etogenia complicada pelas variantes e modificações do cruzamento com o sangue africano que foi o maior produtor do tipo nacional; cercado por uma arranjada aristocracia cujas origens se perdiam nos terreiros das fazendas, nas canseiras das aldeias portuguesas e nos sacrifícios das choças provincianas, em pouco tempo D. Pedro II, que tão violento se mostrara aos 15 anos, no golpe de 1840, exigindo com o famoso *quero já* o reconhecimento da sua *maioridade*[46], tornou-se um *bom homem*, desajeitado nas suas vestes imperiais e apoquentado em nauseantes reuniões pela bajulação dolosa de seus auxiliares. À sombra da bonomia imperial cresceram as ervas daninhas da dissolução. Uma viscosa umidade de parasitarismo corrompia e aniquilava tudo. Não mais se armaram revoluções para a *posse do governo*; era a intriga, era a calúnia, era a oferta do caráter que se transformaram em instrumentos de luta. A probidade e a isenção de espírito rareavam.

A licença dissolveu os costumes, o ridículo anulou os nobres intentos. Quando os interesses pessoais se chocavam de encontro ao paradeiro da impossibilidade, o despeito cascavelava, destruindo com a peçonha dos seus arremessos as conveniências

---

46. Está hoje provado, por anotações do próprio punho do Sr. D. Pedro II à obra [...] que este ato voluntarioso foi uma balela criada por historiadores fantasistas. (N. do A. — manuscrita).
O autor deixa um espaço em branco e não menciona a obra. Trata-se certamente de *Dados e factos relativos à história política e financeira do Brasil*, por *Um brasileiro* (Recife, M. Figueiroa de F. & Filhos, 1885), pequena brochura localizada na coleção D. Thereza Cristina, na Biblioteca Nacional, com anotações manuscritas, à margem, por D. Pedro II. Segundo consta, sobre a lendária frase *Quero já*, anotou o seguinte: "Não me exprimi assim e se disse que preferia imediatamente é porque os que me aconselharam — apenas tinha 14 anos e sempre retirado da sociedade política — disseram-me que assim era preciso para evitar a desordem." Conferir em Mário Bhering, "Documentos preciosos", *Kosmos*, III (3), março de 1906.

e os respeitos. Em derredor do trono os próprios monarquistas, os que tinham levantado a *guarda suíça* em oposição aos republicanos de 1871, traçaram o assédio da desmoralização. Vieram para a maledicência pública as indiscrições que só os camarilheiros deveriam saber, vieram para o conhecimento de *todo o mundo* os cacoetes, as irritações da pessoa imperial como os segredos do seu gabinete, a externação de suas íntimas opiniões, que só deveriam pertencer aos da privança do paço.

A caricatura assentou-se no trono, ergueu a flâmula sarapintada e guizoleira do riso nos torreões da Quinta da Boa Vista. As dedicações que D. Pedro II tivera em princípio do seu reinado, iam-se perdendo na morte e na velhice. Os novos *favoritos* traziam nos bolsos das casacas bordadas o cheque dos interesses sobre a confiança do monarca, e forçavam as portas do palácio de S. Cristóvão com as blasonadas parlamentares, a retórica retumbante dos jornais e dos panfletos incendiários.

O grande império sul-americano desconjuntava-se. Os seus fundadores iludiram-se. O que eles fizeram não foi *uma obra inteiriça de arquitetura nacional*, como disseram, porque essa dependera da ocasional unidade dos seus componentes étnicos, e de circunstâncias alheias à presunção deles que se consumiram em questiúnculas de partidarismo, mas sim uma obra postiça de governo antagônico com a índole do povo.

Em meio desse esboroamento a aspiração republicana triunfava de todos os empecilhos formados por apostasias e deserções, como triunfava de todos os obstáculos levantados pelo assalto, à mão armada, dos apaniguados do governo, e pelo sistema desmoralizador que a coroa punha em prática atirando migalhas de bem-estar à boca dos fementidos. Em fins de 1877 uma ideia que efervescia no espírito nacional, instigado pela civilização, evoluiu de tal maneira que em breve tempo se constituiu um problema de *reforma social* e que veio trazer novas forças ao ideal republicano.

A *Gazeta da Tarde*, fundada por Ferreira de Menezes e mantida depois por José do Patrocínio, a *Gazeta de Notícias* dirigida por Ferreira de Araújo e o *País*, cuja chefia estava entregue ao esclarecido espírito e exemplar dedicação de Quintino

Bocaiúva, antigo redator da *República* e do *Globo*, esforçavam-se na defesa da causa abolicionista que entusiasmava o povo. José do Patrocínio concentrou em si toda a vibração apaixonada da alma popular e ateou o incêndio da propaganda. Em todas as províncias, mesmo naquelas em que o *neofeudalismo*, representado pela grandeza territorial e poderio dos fazendeiros, se opunha à abolição dos escravos, não faltaram entusiasmos pela reforma que vinha desafrontar a pátria rebaixada na sua dignidade pela crueza e deleterismo[47] do cativeiro dos negros. Formaram-se dois partidos — o dos fazendeiros e dos abolicionistas. A luta declarou-se encarniçada.

O dinheiro das hipotecas sobre colinas de café e rebanhos de gado humano procurava resistir ao brio da nação. A monarquia mais oscilava agora, porque os varais do palanquim imperial, sacolejado pela indignação pública, falseavam sem o apoio dos ombros nus da escravidão, que desaparecia. Nesse momento outra força concorreu para o triunfo republicano. A classe militar ferida nos seus interesses pela inadvertência dos governos quanto pelo espírito antimilitarista do imperador, refundida na sua organização por elementos novos que a instrução melhorou e a indisciplina tornou ostensivos, reagia francamente contra as pretensões que a procuravam anular, quando em 1888, já na hora crítica da abolição, a ofensiva prisão de um oficial de marinha e o desrespeito à farda de um general do exército, que, como parente daquele, fora reclamar da polícia a entrega do encarcerado, obrigaram o ministério Cotegipe a dar sua demissão. Havia muito tempo que o ministério caminhava em sinuoso trilho de arrogâncias e humilhações por causa dessa questão militar, em que se salientou o ardente republicano tenente-coronel Senna Madureira. Por último o clarão abolicionista o aterrorizava, e se ele poderia pela *questão militar* levar o país a uma revolução talvez tristíssima, era contudo a esperança das classes ricas, pois opunha-se com todas as forças ao desenvolvimento do abolicionismo. A retirada do ministério Cotegipe foi o derradeiro reduto escravocrata que desabou.

---

47. O autor acrescenta "deleterismo", à margem e em manuscrito.

Substituía D. Pedro, então muito doente em um país da Europa, a herdeira presuntiva, D. Isabel de Bragança e Orleans, que referendara o decreto de 28 de setembro de 1871.

Esse fato e as prováveis preocupações que a princesa regente deveria ter a respeito da sua popularidade, estremecida pelo seu conhecido exagero religioso e pelas acentuadas antipatias que repeliam seu esposo, o Conde d'Eu, animavam os abolicionistas. E, realmente, a princesa regente incumbiu da organização do novo ministério a um dos companheiros do visconde do Rio Branco na lei de 1871, o conselheiro João Alfredo Corrêa de Oliveira. No dia 13 de maio desse mesmo ano de 1888, após alguns dias de sôfrego esperar, o povo delirava de entusiasmo saudando a "lei áurea" que abolia a escravidão no território do Brasil.

Tocou ao furor o despeito dos fazendeiros. Em massa, cegos de raiva, voltavam-se para a República, como represália do golpe sofrido e no intento de abalar a corrente probabilidade de uma abdicação na pessoa da regente. Já os republicanos, fortalecidos pela abolição, tinham entrado no parlamento; um congresso diretor com representantes de todas as províncias funcionava permanentemente na Corte, a sua imprensa redobrava de energias; a sua propaganda, que popularizou o nome de Lopes Trovão, encontrava agora um Pedro Eremita em Silva Jardim. Em todos os pontos do império, em todas as cidades onde a instrução dignificava a atividade do homem, levantavam-se apóstolos republicanos. Pernambuco aquecia-se na alma de seus jovens filhos orientados por Tobias Barreto; Maciel Pinheiro e Martins Júnior despertavam os ímpetos do povo nortista; Pedro Velho no Rio Grande do Norte e João Gomes nas Alagoas seguiram o exemplo de João Paes de Carvalho, no Pará, alentando a propaganda; em Sergipe Felisbelo Freire e Guedes Cabral fortaleciam com seus talentos a marcha da liberdade; pela província do Rio de Janeiro, Maurício de Abreu, F. Portela, Nilo Peçanha e Alberto Torres reuniam os bravos companheiros em fileiras entusiásticas para o momento prestes; S. Paulo fervia como o Município Neutro num rumor de cratera; Minas agitava-se nas suas tradições; um grupo de moços que traziam a força e os entusiasmos da ubérrima juventude de sua terra, acendia no Paraná as aspirações republicanas pelo talento de Emiliano e Júlio Perneta, Ismael Martins, Sebastião Paraná, Dario Veloso e Leôncio Corrêa; Santa Catarina, que se confederara com os *farrapos*, estremecia de entusiasmo e no Rio Grande do Sul Júlio de Castilhos, Assis Brasil, Ramiro Barcelos e Demétrio Ribeiro organizavam uma formidável oposição à continuidade monárquica pela ameaça do terceiro reinado. Também o intelectual e laborioso Ceará, a briosa e inteligente Bahia, o Espírito Santo, Goiás e Mato Grosso animavam-se pela mesma causa, e se o movimento foi menos intenso no Maranhão e no Piauí não se mergulharam estas províncias na moleza da indiferença. A mocidade militar, cujo apoio à liberdade da raça negra fora franco, batia-se a descoberto pela República e nas fileiras do exército como nas guarnições da marinha a fé republicana levantava fervoroso proselitismo.

O ministério João Alfredo pretendeu resistir aos republicanos — abriu as enxovias e despejou para as ruas uma horda assassina; enfraqueceu, porém, diante da oposição, resvalou no escândalo, caiu sem recursos.

O imperador, em melhores condições de saúde, voltou pressurosamente ao país e mudou de política, chamando os liberais com a presidência do visconde de Ouro Preto. Mas, o partido republicano, estava definitivamente organizado para temer a reação liberal. A imprensa republicana, por essa ocasião, coadjuvada pelo *Diário de Notícias* redigido com o maior valor combatente pelo ex-deputado Rui Barbosa, fendia certeira o arrojo dos adversários e desbaratava a resistência. Antes que o ministério conseguisse levar a efeito os prometidos *auxílios à lavoura*, que eram uma mascarada indenização aos fazendeiros, e praticasse as medidas de repressão contra as manifestações militares, a proclamação da República o colheu de improviso, quase ao terminar de uma pomposa festa de simpatia à esquadra chilena, ancorada no porto do Rio de Janeiro.

Desde os princípios de novembro de 1889 a conspiração republicana tinha perdido as prudências do disfarce. Em uma visita da oficialidade naval do Chile à Escola Militar da Corte, na presença do ministro da guerra e de oficiais generais, o professor tenente-coronel Benjamin Constant Botelho de Magalhães recitou um discurso de forma tão clara e revolucionária que o ministro mandou censurar o militar professor, tornando o caso escandaloso.

Com esse inadiável e único proceder o governo colocava-se numa melindrosa posição porque, sendo o discurso do tenente-coronel Benjamin Constant a repercussão das queixas e sentimentos do exército, ia suscitar de novo a perigosa *questão militar*. Não teve o ministro outro recurso, posto que não fosse o seu procedimento um *recurso* senão um *dever* que a combinação dos elementos contrários transformava em *caso fatal*. Uma vez dado esse passo caía o governo na prática de violências. E assim foi. Ato contínuo deu ordem de transferir-se para o Amazonas um dos batalhões de infantaria da guarnição da Corte, que lhe parecia hostil, e açodou os últimos preparativos de armamento da guarda nacional que ele entregara a comandantes da sua cautelosa escolha.

A deliberação do governo era um cartel de desafio.

Quintino Bocaiúva, Francisco Glicério, e Aristides Lobo, representando o elemento civil; o chefe de divisão Eduardo Wandenkolk, os capitão de fragata Frederico Lorena e Nepomuceno Batista pela marinha, combinavam com Benjamin Constant, por iniciativa deste, os meios de realizarem a revolução. Tratadas as condições e a oportunidade, Benjamin Constant que, pela sua ilustração científica e notória probidade, tornara-se o cabeça do republicanismo militar, partiu a procurar o apoio do marechal Deodoro da Fonseca que a maioria do exército idolatrava. A palavra persuasiva do provecto professor conseguiu demover os escrúpulos de fidelidade do marechal Deodoro. Havia, porém, um grande obstáculo a vencer, pelas condições especiais em que ele se achava, era o ajudante general Floriano Peixoto em quem o visconde de Ouro Preto depositava a maior das confianças. A concordância do ajudante general seria para a causa revolucionária uma vitória.

Com o intuito de atraí-lo ao movimento, porquanto suas provas de simpatia à crença republicana não podiam ser postas em dúvida, o marechal Deodoro procurou-o pessoalmente e, depois de uma longa conferência, retirou-se convicto de que a posição dele seria definida no momento da luta, mas desde já deixando transluzir o seu valioso apoio aos interesses revolucionários.

Na noite de 14 de novembro correu pela cidade a notícia de que o governo, inteirado da *conspiração do exército*, mandara prender o marechal Deodoro, os tenentes-coronéis Benjamin Constant, Solon Sampaio Ribeiro e outros oficiais. Ao sussurrar da notícia as ruas ficam despovoadas, enchem-se os quartéis, baixa um pesado silêncio de suspeitas e em meio desse princípio de terror estala a nova impressionante da revolta da 1ª. brigada, composta do 1º. e 9º. regimentos de cavalaria, e 2º. regimento de artilharia. À madrugada do dia 15 Deodoro recebeu aviso de que a brigada com Benjamin Constant e a Escola Superior de Guerra desciam para a cidade; apesar de enfermo, imediatamente parte a encontrar-se com as forças rebeladas, alcançando-as nas proximidades do *Mangue*, onde, saindo da carruagem que o conduzia, monta a cavalo e toma a testa da coluna. Quando o sol irradiava na longa facha da barra, as bocas de fogo do 2º. regimento enfrentavam com as velhas paredes amarelentas do quartel-general.

Durante a sua marcha nenhum estorvo apareceu, posto que o visconde de Ouro Preto, que correra àquele quartel em companhia de seus colegas, à exceção do ministro da marinha, barão do Ladário, instasse com o ajudante general para impedir esse caminhar sereno com o fogo de um dos batalhões ali reunidos, a infantaria de linha, a polícia e o corpo de bombeiros armado de carabinas. Na mesma ocasião o corpo de alunos militares, guiado pelo tenente-coronel Marciano Botelho de Magalhães, confraterniza com o batalhão que fora mandado ao largo da Lapa para se opor a sua descida, e entra entusiasticamente no Campo d'Aclamação.

O ministério compreendeu o sítio em que estava concentrado; não obstante, o presidente do conselho tentava reagir, e, desobedecido pelo general Almeida Barreto, recebendo do tenente-coronel Telles, por parte de Deodoro da Fonseca, a ordem de render-se, disse ao ajudante general:

"General, já o Sr. no Paraguai era um oficial valente e tomava bocas de fogo ao inimigo: faça agora outro tanto tomando aquelas que ali estão."

"As bocas de fogo do Paraguai, Sr. Ministro, disse Floriano Peixoto, eram inimigas; aquelas que V. Ex.ª ali está vendo são brasileiras, e eu sou antes de tudo soldado da nação brasileira. Fique V. Ex.ª sabendo que estes bordados que trago nos punhos foram ganhos nos campos de batalha por serviços prestados à pátria e não a ministros."

A resposta foi positiva; nenhuma esperança de reação poderia reluzir no espírito do governo, e, quando chegava, momentos depois, o almirante barão do Ladário, teve o ministério a última confirmação, porque intimado a se render o almirante apontou um revólver ao peito do oficial que o intimava; antes que sua arma detonasse, uma descarga das ordenanças que seguiam o oficial, assim como o pronto desengatilhamento da arma que esse empunhava, fizeram-no cair ferido e exânime.

Então um grito de *Viva a República!* sonorizou no ar e logo todas as bocas acompanharam este grito vibrante e quente, num delírio de expansões retidas, de alma que se reanima.

O marechal Deodoro levantou seu quepe bordado, agitou-o, comovido; militares e paisanos descobriram-se e ao som glorioso dos clarins a coluna revolucionária desceu ao paço da cidade, trazendo pelas ruas a alegre agitação de seus guerreiros, que iam acordando a massa estranha dos preocupados com a efêmera cenografia das finanças e a louca agiotagem das empresas mercantis para a realidade da existência de um povo ainda forte, ali constatado por essa mocidade fardada e também por essa mocidade paisana que passava, de carabina ao ombro, nas fileiras dos bravos.

Rendeu-se o ministério, prisioneiro da revolução. À 1 hora da tarde, tendo o imperador descido de Petrópolis com sua respeitável consorte, recebia do tenente-coronel Solon, numa das salas do paço onde fizera uma tentativa para organizar novo gabinete, a notificação da proclamação da República, cuja bandeira fora arvorada no edifício da Municipalidade.

Organizou-se o governo provisório, sendo chefe o marechal

Manoel Deodoro da Fonseca, ministro do interior Aristides da Silveira Lobo, ministro da fazenda e interinamente da justiça Rui Barbosa, ministro da guerra tenente-coronel Benjamin Constant de Magalhães, ministro da marinha o chefe de divisão Eduardo Wandenkolk, ministro das relações exteriores e interino da agricultura, comércio e obras públicas Quintino Bocaiúva. Nesse mesmo dia o governo provisório proclamou ao país e no dia seguinte, 16 de novembro, marcou o prazo de 24 horas para o imperador D. Pedro II e sua família deixarem o Brasil, sendo respeitada a dotação que a lei marcava e posto à disposição da família proscrita um seguro navio de vapor que a transportaria à Europa.

Nenhuma resistência monarquista veio ensanguentar a feliz realização do ideal brasileiro. O povo, o verdadeiro povo brasileiro, que viera através dos tempos lutando com sacrifícios pela liberdade e que nunca manifestou fraquezas para defender a honra da sua pátria, o povo que em parte formava esta força militar representante do seu sentimento, porque fora ele que a compusera na sua totalidade para formar o vencido exército da Cisplatina, e os gloriosos exércitos da guerra Oriental e do Paraguai, este, em parte agora paisano, confraternizava com a força armada porque todos seus anelos estavam no grande dia da República. Os indiferentes, decerto, não foram brasileiros, pois nas grandes capitais o elemento nacional desaparece no tumulto dos invasores da Vida, passa na obscuridade dos sacrificados. Mas a alma patriota exultou no caloroso peito da mocidade que, em massa compacta e fremente, invadia os quartéis para tomar armas.

O desamparo fez-se em torno do velho monarca, duas vezes vencido: pela moléstia e pelo levante. Raríssimas dedicações foram consolá-lo na amargura da hora das despedidas. Ele, que fora uma vítima do seu destino e deixava no coração dos brasileiros, ainda imaculados, um grande respeito por sua simpática figura de ancião, duvidou por momentos da realidade dos fatos! Durante longos anos só *carregara maus governos*, murmuraram seus lábios; e na tristeza do momento, visionando como numa tela diáfana de sonhos o passado do seu império, deveria sentir na sua alma de patriota, na sua emotividade de infeliz, o enevoamento de uma desilusão penetrante como um vírus, por onde o seu corpo se elevasse em algidez de estátua dominando como uma esfinge o isolamento do espaço sem promessas, e as suas plantas pisassem um solo lutulento pelo qual rastejam, em corcoveios famintos, em contorções invertebradas, os vermes viscosos. Apenas, no fundo remoto, uma claridade de amanhecer, feita do sangue dos mártires, fenderia o nevoeiro do horizonte...

E o trono desabou sem resistências, sem ruído, esboroado sobre a dissolução dos caracteres, que o cercava. Mas, o lodo infecto, transformar-se-á em terra fértil, e a República há de triunfar serena e poderosa, levantando à luz da dignificação universal o nome da nossa Pátria.

FIM.

Apêndice

Illustres Cidadãos e Dignissimos

Ao vosso esclarecido espirito de julgadores trago o presente volume das Revoluções Brazileiras, que destino á educação civica da mocidade patricia.

Antes da leitura, com que ides honral-o, relevar-me-eis a demora de uma necessaria explicação.

Respeitador do preceito pedagogico que exige, nos livros destinados á instrucção publica, todo o rigor de feitura para escoimar de suas paginas as irregularidades orthographicas, os senões da revisão que possam offender á syntaxe de concordancia e as imperfeições typographicas, procurei seguil-o attentamente; mas foi baldado o intenta, pois não são pequenos os defeitos que escaparam, no presente volume, á boa vontade do auctor. Dolorosa se me torna esta confissão, mas a verdade a tanto me obriga.

Comprehendeis, illustres cidadãos, que, nas actuaes circumstancias da nossa querida patria, o trabalho tornou-se carissimo pelas necessidades inherentes á vida de cada sêr, e, portanto, sendo a obra typographica excessivamente custosa, difficil seria a recomposição de folhas, ou mesmo de paginas, cujo preço attinge a avultada quantia.

Não é o obscuro auctor do presente livro o primeiro, e tambem não será o unico a incorrer nesta falta. Se a reproducção della não póde ser consolo á quem, procurando satisfazer justissimas exigencias do ensino publico, vê-se cercado dos seus aggravos, não perde, entretanto, a infeliz importancia de um precedente que só o esperado progredimento das nossas artes graphicas poderá eliminar ou, pelo menos, remediar.

Não ha muito tempo um illustre pedagogo, altamente considerado por seus talentos e por longos annos de fructiferos trabalhos, o distinctissimo Sr. Lameira de Andrade, retirando do prelo valiosa obra didactica, teve de reparar os gravames da typographia n'uma numerosa lista de corrigendas e, por escolas, corre uma notavel Anthologia Nacional de illustrados professores, que está deformada por erros de revisão. Como estes, outros exemplos poderia eu trazer-vos, mas julgo exceder-me.

Se o presente livro merecer a sabia approvação dos preclaros membros deste Conselho de Instrucção, e fôr adoptado para completar o ensino de historia patria nas escolas do prospero Estado _____, certo será reimpresso em mais apurada, attendida e caprichosa edição, porque o seu desmerecido auctor procurará modificar as condições materiaes do primeiro trabalho.

E, confiado na vossa bondade, que constitue a transigencia peculiar aos espiritos superiores que sabem avaliar com justiça dos esforços alheios, entrego este volume ao vosso reconhecido merecimento de julgadores.

Junho de 1898.

Gonzaga Duque.

Carta do autor

Resenhas à primeira edição

Os três textos transcritos a seguir foram localizados na coleção de periódicos da Biblioteca Nacional, a partir de anotações manuscritas de Andrade Muricy encontradas no seu acervo pessoal depositado na Fundação Casa de Rui Barbosa. Trata-se de resenhas críticas a propósito de Revoluções brasileiras, saídas na imprensa carioca logo após a 1ª edição, ainda em 1898, e de autoria de importantes escritores contemporâneos a Gonzaga Duque: o dramaturgo Artur Azevedo, o romancista Coelho Neto e o poeta Medeiros e Albuquerque. Como raros documentos histórico-literários sobre a recepção da obra, mereceram ser aqui incorporados. O tema que em geral abordam continua sendo crucial e dos mais interessantes: as relações problemáticas entre narrativa histórica e prosa literária; entre os compromissos com a veracidade do relato sobre o passado humano, com a formação cívico-pedagógica da mocidade nos ideais republicanos e a construção dum estilo calcado na chamada "escritura artística". Atualizou-se sua ortografia e eliminaram-se, dos textos de Artur Azevedo e Medeiros e Albuquerque, partes não referentes ao livro e a Gonzaga Duque, já que eram artigos que compunham colunas de crônicas ou rodapés literários mais amplos.

(F. F. H. e V. L.)

PALESTRA

Artur Azevedo

Gonzaga Duque, o mesmo escritor elegante e sóbrio que assinou com o nome de Gonzaga Duque Estrada um magnífico livro *A arte brasileira*, acaba de publicar, num volume bem impresso nas oficinas do *Jornal do Comércio*, uma obra destinada à instrução cívica da nossa mocidade.

Intitulam-se estas páginas *Revoluções brasileiras*, e contêm o resumo histórico, habilmente feito, de todas as nossas agitações políticas de mais vulto. Sabe-se, desde os grandes historiadores da antiguidade, que tanto mais penetrante e comovente é a narração dos casos em que haja sangue, quanto mais simples e desataviado é o estilo do narrador. A biografia de Pompeu, escrita por Plutarco, é uma obra-prima no gênero, e quem lê Suetônio menos se admira dos doze Césares que da simplicidade com que ele os oferece ao juízo dos pósteros. Gonzaga Duque soube também ser desartificioso, embora aqui e ali transpareça vagamente certa preocupação de modernismo, como, por exemplo, nesta expressão "filhas que por sua pureza enluaravam a alma do país" e outras, que destoam da singeleza com que a guerra deve ser contada.

Este livro de patriotismo e justiça não vem prestar serviço tão somente à mocidade estudiosa, mas também à República. É moda agora dizer que o nosso país foi sempre uma espécie de seio de Abraão, e só depois do 15 de novembro vivemos às turras uns com os outros. Leiam nestas páginas o que houve no Brasil durante o reinado de D. Pedro II, e diabos me levem se as sabinadas, balaiadas, cabanadas e farrapadas não os consolarem das nossas rusgas de hoje. Vejam lá os transes por que passou a população desta cidade logo depois do 7 de abril!

Bem sei que tudo isso está escrito há muito tempo e palpita em documentos interessantíssimos que todos os filhos desta terra deveriam compulsar; mas como os brasileiros, que não são analfabetos, só leem, por via de regra, os livros novos, conto que a obra de Gonzaga Duque seja lida e que os leitores se convençam de que houve maiores calamidades no império do que as têm havido na República.

[...]

(In: *O País*. Rio de Janeiro, 29 de outubro de 1898, p. 1, 8ª. col.; assinado: "A. A.").

FAGULHAS

Coelho Neto

Há, entre nós, um grupo de artistas cuja vida liga-se, pelos arcanos, à dos mestres alquimistas da Idade Média. Insaciáveis, insatisfeitos sempre, vivem em abscôndito mistério torturando a frase em busca de uma forma perfeita, utopia tão grande como a dos apagiristas[1]. Um soneto que lhes sai das mãos representa um fatigante e torturado labor de muitas noites, num período consomem eles dias longos de meditação porque não entendem, como Pacheu, que as palavras "sont d'étranges étiquettes des choses"; para eles, a palavra é a "alma das causas" e, como para amenizar uma expressão é necessário achar a alma própria, dão-se a pertinaz pesquisa, ao rebuscamento aturado.

Lima Campos é um desses herméticos. O seu nome pouco aparece mas, quando surge, raro em raro, vem acompanhando um rol de períodos sonoros e de muita cor, períodos que ficam como os desse conto, dum valor amargo como o das lágrimas, que tem por título "Faroleiro".

Luiz Gonzaga Duque Estrada é também um misterioso. A sua obra é pequena mas tem a perfeição minuciosa das joias de Gellini ou dos hostiários de Quedlinburg.

Dum requintado gosto estético exige tanto da sua pena que a limalha d'ouro e o fino pó de diamante que ele, na tortura do polimento, tira aos trabalhos que executa, dariam matéria-prima bastante para fazer a glória de outro escritor menos exigente.

---

1. Palavra não encontrada nos dicionários. Deve estar no lugar de "espagiristas", que significa alquimistas. Há uma referência de Gonzaga Duque ao uso da termo por Coelho Neto: "Entre os rapazes de nosso limitado convívio, um dia denominado pela valiosa pena mágica de Coelho Neto — o grupo dos medievos espagiristas da forma, generosidade que ladeia pelo excessivo quanto à sua generalização, nenhum desconhece os irresistíveis desenhos de Raul". (*Contemporâneos*. Rio de Janeiro. Tip. Benedito de Souza, 1929, p. 235)

Depois do estudo sobre a Arte Brasileira publicou Gonzaga Duque Estrada escritos avulsos, todos de uma forma irrepreensível e, ultimamente, querendo servir à Pátria com a sua pena severa, dedicou-se à história respingando no campo farto do Passado os feitos dos nossos maiores: os levantes e as revoltas, os motins e as lutas que concorreram para a integração da Pátria.

O livro *Revoluções Brasileiras*, título que foi judiciosamente comentado por um escritor que, n'*O País*, dele se ocupou, tem para o aluno a dupla vantagem de ser profundamente nosso e intensamente artístico. A substância histórica tem um veículo delicioso para a inteligência. Luciano, no seu opúsculo intitulado: "Como convém escrever a história", entre outras muitas regras, anteriormente pregadas por Políbio, diz:

> *Assim, como já dissemos, que as qualidades do historiador são a franqueza e a veracidade também, o fim único do seu estilo deve ser expor claramente os fatos, apresentá-los à luz clara dum juízo seguro, sem reticências, sem anacronismos, sem expressões mal cabidas e d'uso suspeito, mas em termos que, sendo de fácil compreensão para o vulgo, sejam louvados pelo escol.*

E isso conseguiu Gonzaga Duque Estrada dando-nos a verdade histórica dentro duma fina moldura de filigrana artística.

(In: *Gazeta de Notícias*. Rio de Janeiro, 30 de novembro de 1898, p. 2, 6ª. col.; assinado: "N")

CRÔNICA LITERÁRIA

Medeiros e Albuquerque

[...]

Depois dos sonetos imperiais[2], cabe aqui perfeitamente a notícia do livro de Gonzaga Duque — *Revoluções Brasileiras*. Nele se noticiam todos os movimentos insurrecionais que agitaram tanto o Brasil colonial como o império. O volume termina com a proclamação da República.

O estilo do autor, sem que chegue às extravagâncias que dele se poderiam esperar, à vista de produções anteriores, não tem talvez toda a simplicidade desejável. Este reparo — sou o primeiro a senti-lo — é um modo de ver pessoal. "O enevoamento de uma desilusão penetrante como um vírus" — não me diz absolutamente nada; confesso humildemente que não entendo... "Nas grandes capitais o elemento nacional desaparece no tumulto dos invasores da Vida" — é frase tão complicada que eu também não sei se cheguei a perceber bem o que ela queria significar...

É bom, porém, acrescentar que, se há nesse gosto alguns trechos, a quase totalidade do livro é composta muito mais singelamente. A narração dos fatos é feita com animação e vida, com energia patriótica. Lê-se com prazer a evocação de todas essas lutas, desde a pugna inglória dos Palmares até 15 de novembro...

*

E para voltar, por um ritmo compensador, das violências revolucionárias à mansidão das virtudes cristãs, aqui está o livro do padre Clementino Contente intitulado *As nossas crenças*.

[...]

(In: *A Notícia*. Rio de Janeiro, 31 de dezembro de 1898, p. 2, rodapé; assinado: "J. dos Santos").

2. Referência à obra *Sonetos do Exílio*, de D. Pedro II, comentada no início do artigo.

Impressão e acabamento